LES CHEMINS DU ZEN

« *Espaces libres* »

DU MÊME AUTEUR
AUX ÉDITIONS ALBIN MICHEL

Essais sur le Zen (3 vol.)
coll. « Spiritualités vivantes ».

DAISETZ TEITARO SUZUKI

LES CHEMINS DU ZEN

Traduit de l'anglais
par Vincent Bardet

Albin Michel

Albin Michel
■ *Spiritualités* ■

Collections dirigées
par Jean Mouttapa et Marc de Smedt

Édition originale :

THE AWAKENNING OF ZEN

Shambhala Publications, Inc., Boston, Mass.
in association with The Buddhist Society, London

12, rue Huyghens 75014 Paris

ISBN 2-226-07938-6
ISSN 1147-3762

AVANT-PROPOS

Au cours de sa très longue vie, D.T. Suzuki a énormément écrit et donné de conférences au sujet du Bouddhisme Zen. Ses travaux totalisent une cinquantaine de livres en japonais et en anglais, un large éventail d'articles et d'essais destinés à de nombreuses publications et conférences, formelles et informelles, qui furent pris en note et transcrits.

Lorsqu'en 1946, je revins d'une visite au Japon, pendant laquelle j'avais pu passer beaucoup de temps avec lui, je fus chargé d'être son agent en vue de publier ses travaux en Europe. Je conclus un accord avec les Éditions Rider de manière à les publier, et republier, au fur et à mesure qu'ils paraissaient, les maintenant sur le marché durant de nombreuses années, les assortissant dans certains cas d'éditions américaines et de traductions étrangères.

Mais je possédai bientôt les matériaux pour un volume supplémentaire de conférences et d'articles provenant de diverses sources, et les publiai chez Rider sous le titre d'*Études sur le Zen* (1955). Par la suite je disposai de matériaux suffisants pour sauver de l'oubli une nouvelle sélection que la Société Bouddhiste publia sous le titre du *Champ du Zen* (1969), suivi en 1971 par *Qu'est-ce que le Zen,* contenant deux articles acquis par M. Lunsford Yandell, et une réédition de *L'essence du Bouddhisme,* consistant en deux conférences adressées à l'Empereur du Japon, d'abord publiées en 1946.

Les articles et les conférences continuaient à s'accumuler dans mes dossiers. J'ai remarqué la série d'essais posthumes publiés ces dernières années dans la revue *The Eastern Buddhist,* et je suis heureux d'apprendre qu'ils vont bientôt être réunis dans un recueil, mais beaucoup d'autres ont paru dans des journaux tels que celui de la Société Bouddhiste *The Middle Way,* et seraient perdus pour le grand public si l'on ne les rassemblait pas dans un livre. D'où l'existence de ce volume, contenant des éléments de nature extrêmement variée.

Parmi les écrits de Suzuki rédigés en anglais, il semble y avoir au moins quatre types de style et d'intention. Le premier est l'étude savante, par laquelle il contribue à la connaissance mondiale du Bouddhisme Ch'an (Zen en japonais), et à l'interprétation des paroles notées des Maîtres, qui en constituent les Écritures. Puis il y a les occasions où il transmet, si ce mot a un sens, le « Zen » de l'École Rinzaï, et ses méthodes en vue d'atteindre l'état de conscience correspondant, aux esprits capables de le recevoir à un haut niveau intellectuel. Troisièmement, il y a les articles et les conférences situés sur un registre moins élevé, pour aider les gens d'une capacité de compréhension plus modeste à se faire au moins une idée de « ce dont il s'agit ». Finalement, il y a les confrontations du Zen à d'autres champs de recherche, tels que la psychologie jungienne. Tous ces types d'intervention sont représentés dans ce volume. Mais il n'appartient pas à l'éditeur de suggérer dans quelle catégorie chaque texte devrait être placé.

L'auteur lui-même a clairement atteint un niveau d'intuition extrêmement développé, qui est le degré de conscience au sein duquel le Zen « fonctionne », et il s'adresse, au besoin en improvisant, à une assemblée plus ou moins nombreuse, à partir de ce degré, en choisissant ses termes selon les besoins et les capacités de l'assistance. C'est pourquoi, comme de nombreuses personnes ont pu s'en rendre compte, même après avoir lu beaucoup de livres et d'articles au moyen desquels il essayait de transmettre l'esprit du Zen à un public occidental, d'un propos où d'une conférence supplémentaire peut soudain jaillir cette étincelle qui éclaire directement, d'esprit à esprit, la confusion mentale du lecteur, comme jamais auparavant. Tôt ou tard le mot juste de la transmission provenant de cet esprit profondément illuminé sera reçu et gardé. Ici, au moins, voici quelques matériaux supplémentaires. Tandis que je préparais ce recueil j'ai eu la chance de rencontrer à nouveau M. Samuel Bercholz, Directeur des Éditions Shambhala, aux États-Unis, et il m'a immédiatement proposé une publication en commun avec la Société Bouddhiste, offre que j'ai acceptée avec joie.

Il a parfois été malaisé de déterminer les conditions de droits de reproduction, d'autant que tous les matériaux datent d'au moins une vingtaine d'années. J'ai fait mon possible pour obtenir l'autorisation de reprendre des articles parus dans des revues dont j'ai découvert que plusieurs d'entre elles avaient cessé d'exister. Quant aux conférences, beaucoup d'entre elles ont été données à la Société Bouddhiste, ou sous ses auspices, ou bien lors d'occasions dont il a été impossible de retrouver l'organisateur de la réunion au cours de laquelle elles ont été prononcées. Je présente mes excuses à ceux, s'ils existent, envers qui je peux sembler avoir manqué de courtoisie.

Les matériaux composant ce volume couvrent un vaste champ, de celui du Bouddhisme Mahayana en général à l'École Zen du Bouddhisme en particulier ; de l'art et de la culture japonais à la première traduction en anglais d'un sermon des « Paroles de Rinzaï (Lin-Tsi) » : de conférences formelles à des propos informels adressés à une assistance captivée, au sein de la Société Bouddhiste ; du Bouddhisme Zen et de sa relation à la psychologie occidentale, à la fameuse conférence au Queen's Hall à Londres, en 1936, sur « L'idéal spirituel suprême », inoubliable pour tous les auditeurs présents.

Une biographie adéquate de cet homme célèbre et profondément spirituel reste à écrire, mais comme la plupart des matériaux apparaissant dans ce volume furent produits lors de visites en Europe, j'y ai joint des extraits du rapport sur le centenaire de sa naissance, célébré à la Société Bouddhiste à Londres en octobre 1970.

Dr D.T. SUZUKI
18 octobre 1870-1970

La salle de conférence était pleine à craquer le 21 octobre pour célébrer le centenaire de la naissance du Dr D.T. Suzuki, que le Président en exercice décrivit en termes de dimension spirituelle comme le plus grand homme qu'il ait rencontré. Il rappela à l'assistance cette magnifique existence de sage et de chercheur, de sa naissance à Kanazawa dans une dynastie de lettrés, passant par ses premières études, jusqu'au moment où, abandonnant sa carrière universitaire pour s'asseoir aux pieds, d'abord de Kosen Imagita Roshi, puis de Soyen Shaku Roshi à Engakuji, Kamakura, il traversa les voiles de la pensée et parvint à l'illumination.

M. Humphreys donna lecture d'un extrait de chapitre du *Champ du Zen,* dans lequel le Dr Suzuki donne sa propre description de cet événement, le plus mémorable de sa longue et fructueuse existence. Il avait accepté d'aider le Dr Paul Carus à Chicago dans ses travaux sur le Bouddhisme, et savait que le temps était compté pour parvenir à sa

« percée ». Son Maître lui avait donné le koan « Mu », et la sesshin d'hiver de décembre 1896 était peut-être sa dernière chance. Comme il l'écrivit dans ses « Premiers souvenirs », « j'ai dû mettre toute ma force spirituelle dans cette sesshin. Jusque-là j'avais toujours été conscient que Mu était dans mon esprit. Mais tant que j'étais conscient de Mu, cela signifiait que de quelque manière j'en étais séparé, et ce n'est pas un vrai *samadhi*. Mais vers le cinquième jour je cessai d'être conscient de Mu. J'étais un avec Mu, identifié à Mu, de telle sorte qu'il n'y avait plus la séparation impliquée par la conscience de Mu. C'est l'état réel de *samadhi*.

Mais ce *samadhi* ne suffit pas à lui seul. On doit sortir de cet état, s'en éveiller, et cet éveil est *prajna*. Ce moment où l'on sort du *samadhi*, et où on le voit pour ce qu'il est, cela est le *satori*. Lorsque je sortis de cet état de *samadhi*, je dis "Je vois. C'est cela". »

Le lendemain son maître confirma son *satori*, et il conclut, "Je me souviens de cette nuit-là, lorsque je quittai le monastère en voyant les arbres dans le clair de lune. Ils semblaient transparents, et je l'étais aussi".

Ce doit être à ce moment, dit M. Humphreys, que son maître lui donna le nom bouddhiste de Daisetz, « Grande Humilité ».

Ensuite le conférencier évoqua le long séjour de Suzuki aux États-Unis, et sa première visite en Angleterre en 1912, lorsqu'il collabora aux travaux de la Société Bouddhiste originelle de Grande-Bretagne et d'Irlande.

En 1921, de retour au Japon, il fonda la revue *The Eastern Buddhist*, dont il resta l'éditeur durant les trente années suivantes. En 1927, Londres reçut la première série de ses *Essais sur le Bouddhisme Zen* qui ouvrit les yeux des Bouddhistes britanniques sur l'ampleur et la gloire du Mahayana et en particulier sur l'école directe du Zen Rinzaï. D'autres volumes suivirent ; en 1938 le Dr Suzuki écrivit une préface au livre de son épouse *Le Bouddhisme Mahayana* qu'elle avait aimablement écrit pour la Société. En même temps, il reçut un Doctorat d'Honneur de Littérature, de l'Université Otani, de Kyoto, pour ses deux fameux volumes de traduction et commentaire du Lankavatara sutra. Par la suite, il eut le grand honneur de devenir membre de l'Académie Japonaise et reçut de l'Empereur la Médaille de la Culture.

Mais M. Humphreys s'attacha principalement à évoquer les liens du Dr Suzuki avec la Société Bouddhiste, la première occasion datant de 1936, lorsqu'il vint faire une tournée de conférence en Europe, et participer, à Londres, à la réunion du Congrès Mondial des Religions. Le conférencier rappela son discours mémorable au Queen's Hall sur le sujet donné de l'Idéal Spirituel Suprême. Il avait semblé qu'il avait fallu le réveiller pour qu'il apporte sa contribution, mais alors le Dr Suzuki, écartant d'un geste le thème imposé, qu'il dit ne pas comprendre, parla de sa « petite chaumière » au Japon, et ramena le vaste auditoire aux réalités du Zen, que l'on trouve dans l'ici et maintenant plutôt que dans des formules abstraites.

Lorsqu'il rendit sa première visite à la Société, le 20 juillet 1936, il se révéla, dit le conférencier, un véritable maître Zen. Citant Alan Watts, qui consigna dans son propre journal le souvenir de cette soirée mémorable, il dit :

« Un membre de l'assistance lui demanda : « Dr Suzuki, lorsque vous utilisez le terme de réalité, vous référez-vous à la réalité relative du monde phénoménal, ou à la réalité absolue du monde transcendental ? ». Il ferma les yeux et prit cette attitude caractéristique que certains d'entre nous appelaient « faire le Suzuki », car personne ne pouvait dire s'il était en profonde méditation ou brusquement endormi. Après environ une minute de silence, il rouvrit les yeux et dit, « oui ».

Le Dr Suzuki demeura reclus pendant la guerre, écrivant en anglais et en japonais, suspecté pour ses sympathies occidentales. « En 1946, dit M. Humphreys, j'allai au Japon pour une durée de sept mois, en tant que juriste, concerné par les procès internationaux. Je passais mes journées dans mon bureau, et mes soirées et mes week-ends à travailler sur le Bouddhisme japonais. Je n'étais pas troublé par cette dichotomie — ni les Japonais. Je trouvai le Dr Suzuki dans sa « petite chaumière » à Kamakura et il fut certes ravi de reprendre contact avec l'Occident. Je pris la traduction manuscrite des deux conférences qu'il avait données à l'Empereur au sujet du Bouddhisme japonais, que nous publiâmes à Londres sous le titre de *L'Essence du Bouddhisme*, ainsi que le commentaire du sutra de Hui Neng que nous publiâmes sous le titre de *La Doctrine Zen du non-esprit.* J'ai noté le profond respect dont il était entouré dans tous les monastères, bien qu'il ne fût évidemment pas un moine, et encore moins un grand abbé. Il était occupé à fonder la Bibliothèque Matsugoaka avec ses propres livres et ceux de la défunte Mme Suzuki. Il m'enseigna en une remarque ce que le Zen n'est pas, et me donna un aperçu de ce que c'est. Nous discutions du Bouddhisme sous l'angle du panthéisme. « Je vois ce que vous voulez dire, dis-je, tout est Dieu mais il n'y a pas de Dieu. » « Non, répliqua-t-il après le moment de réflexion habituel. Il vaudrait mieux dire « Tout est Dieu, et il n'y a pas de Dieu ». Je vous laisse cela à méditer, pour vous-mêmes », dit M. Humphreys à son auditoire perplexe.

Le conférencier raconta ensuite comment le Dr Suzuki avait fait de lui son agent londonien et comment, avec l'aide des Éditions Rider, huit recueils en langue anglaise avaient été rapidement publiés.

« En 1953, dit M. Humphreys, il revint à Londres, cette fois avec Mlle Mihoko Okamura, sa très charmante secrétaire et compagne, qui consacra son existence au vieux gentilhomme — il avait déjà quatre-vingt-trois ans — durant les douze années à venir. » Citant un rapport extrait de *La Voie du Milieu,* au sujet de la présence du Dr Suzuki lors de l'assemblée générale annuelle, il lut, « nous notâmes qu'il était l'une des rares personnes capables de faire franchir à l'assistance, en de telles circonstances, les barrières conceptuelles, et de lui faire partager ce qui pour lui était une expérience vivante et immédiate ».

« Il revint en 1954, mais son séjour le plus long se situa en 1958, et nous tirâmes le meilleur de lui. Il arriva avec un programme déjà établi, et bien rempli, de conférences et de visites. Nous lui avons extorqué tout son temps libre, et, bien qu'il fût âgé de quatre-vingt-huit ans, il nous donna des conférences, assista à des cours, participa à des réunions chez certains de nos membres, et nous lui fîmes faire du tourisme. Il possédait le plus épouvantable des vieux parapluies, mais nous permit finalement de le remplacer par un neuf, et de placer l'ancien là où il est ce soir, dans le vestiaire de la salle de réunions de ce qui fut immédiatement nommé « Le Club ». Son sens de l'humour était tellement enraciné que, d'une certaine manière, une bonne partie du temps passé avec lui était pris par le rire. Installé sur son lit à l'Hôtel Rembrandt, il nous donna six superbes spécimens de sa calligraphie.

Mais tout a une fin, et le moment vint de se dire au revoir. Encore, à l'aéroport, il m'aida à comprendre une précision qu'il avait donnée la veille au soir, concernant la relation entre l'inconscient et le *satori*, et lorsqu'il m'expliqua ce qu'il voulait dire en dessinant un diagramme sur le dos d'une enveloppe, je compris instantanément. Puis il partit.

J'ai continué à entretenir une longue correspondance avec lui, et il fit preuve de la plus grande générosité en m'aidant à préciser la signification de certains termes japonais pour mon *Dictionnaire populaire du Bouddhisme.* Il promit de nous léguer la moitié de ses droits d'auteur sur certains des livres que nous publiions à Londres, mais en 1965 il nous donna très généreusement la moitié de la somme déjà réunie, soit 1 800 livres.

Un an plus tard, il tomba malade, à l'âge de quatre-vingt-quinze ans, juste avant de partir en vacances d'été, au cours desquelles il se proposait de relire des épreuves, achever un livre, et rédiger une introduction pour un autre. Il mourut le 12 juillet 1966. Comme l'écrivit Sohaku Kobori Roshi dans le numéro commémoratif de la revue *The Eastern Buddhist :*

« L'après-midi du 14 juillet, son corps devint un filet de fumées blanches au crématorium de Kita Kamakura. La fumée s'évanouit dans la brise fraîche soufflant de la mer. Où alla-t-il ? Regardez, il est ici. Il ne mourra jamais — il en avait fait le vœu. Son grand souhait, de communiquer l'incommunicable, et de le partager avec tous les êtres humains, ne s'évanouira jamais. La roue de ce vœu, qui fut actionnée durant ses quatre-vingt-quinze années, doit être mue encore et encore, génération après génération, aussi longtemps qu'existeront des êtres humains sur cette terre. »

M. Humphreys poursuivit : « C'était un homme Zen, un homme du Zen. Parmi les Occidentaux, je n'ai connu que R.H. Blyth et le Père Thomas Merton à sembler pouvoir parler avec une autorité comparable. L'attraction qu'il exerçait était celle d'un Boddhidharma, d'un Hui Neng, Huang Po et Rinzaï lui-même, en vue de l'illumination directe, là où la sagesse de *prajna* est mêlée à une action incessante au service de l'humanité. Il était dans la ligne directe des grands maîtres, il parlait et écrivait à partir de leur condition d'éveil. Il vivait dans la sagesse, empreint d'une compassion vraiment divine envers chaque être vivant.

Au cours de cinquante années de travail dans le champ du Bouddhisme, j'ai connu de grands hommes et femmes de nombreuses nationalités. J'ai rencontré — et étudié avec — de grands moines du Theravada, de grands Lamas du Tibet, de grands Roshis du Japon, mais n'en ai jamais rencontré aucun qui possédait la grandeur spirituelle absolue de Daisetz Teitaro Suzuki. »

Le Président appela ensuite le Dr Carmen Blacker, Professeur de Japonais à l'Université de Cambridge, qui avait travaillé avec Mlle Okamura en vue d'obtenir du Dr Suzuki les matériaux qui apparaissent maintenant sous le titre de « Premiers souvenirs » dans *Le Champ du Zen.* Le Dr Blacker décrivit de façon extrêmement vivante ses visites au Dr Suzuki et à sa compagne et secrétaire, Mlle Mihoko Okamura. Elle lui avait demandé s'il pouvait lui raconter ses premiers contacts avec le Zen, et prit son récit en note, tel qu'il le lui raconta, dans sa petite maison à flanc de colline, faisant face, de l'autre côté de la vallée, aux toits du Monastère Enkaguji.

Le Dr Suzuki lui raconta ses visites aux maîtres Zen, et les traitements durs, impitoyables, qu'il avait endurés. Elle fut frappée par l'esprit de sa réponse à l'entraînement aux koans, et par son absence de ressentiment envers la dureté de la formation. Il disait souvent : « Ce n'était pas un traitement cruel — mais gentil. ». Le Dr Blacker déclara que cette méthode d'entraînement avait produit un grand contrôle de soi, et un abîme de sagesse-compassion, et que nous n'étions pas près de rencontrer à nouveau un homme comme lui.

En forme de dernière intervention, M. Humphreys lut alors une sélection d'extraits du volume commémoratif de la revue *The Eastern Buddhist*, chacun mettant en relief une qualité du Dr Suzuki que l'auteur de l'extrait souhaitait souligner. Il finit par un extrait mémorable de la contribution du Père Thomas Merton :

« Parlant à titre exceptionnel, je puis m'aventurer à dire que chez le Dr Suzuki, le Bouddhisme est finalement devenu pour moi complètement compréhensible, alors que c'était auparavant un fatras très mystérieux et confus de termes, d'images, de doctrines, de légendes, de rituels, de monuments, etc. Il m'a semblé que la grande, la déconcertante luxuriance culturelle qui a habillé les diverses formes de Bouddhisme dans différentes parties d'Asie est une belle parure ornant quelque chose de très simple. Les plus grandes religions sont toutes, en fait, très simples. Elles comportent toutes de très importantes différences essentielles, cela ne fait aucun doute, mais dans le secret de leur réalité intérieure on parvient toujours à la chose la plus simple et la plus déroutante du monde : la confrontation directe à l'Être Absolu, l'Amour Absolu, la Compassion Absolue ou au Vide Absolu, au moyen d'un engagement immédiat et totalement éveillé dans l'existence de la vie quotidienne. Dans le Christianisme la confrontation est théologique et affective, par l'amour et la parole. Dans le Zen, elle est métaphysique et intellectuelle par le regard intérieur et le vide. Pourtant le Christianisme véhicule également une tradition de contemplation apophatique ou de connaissance par « inconnaissance », tandis que je me souviens des derniers mots du Dr Suzuki (avant les adieux habituels) comme étant : "*La chose la plus importante est l'Amour* !" Je dois dire qu'en tant que chrétien je fus profondément ému. Véritablement *prajna* et *karuna* sont une ».

En conclusion de la réunion M. Humphreys dit : « Puis-je terminer par une citation adéquate de Tchouang-Tseu, que le Dr Suzuki considérait comme le plus grand philosophe chinois. « Le Maître est venu parce que c'était le temps pour lui de naître ; il est parti parce que c'était le temps pour lui de mourir. Pour ceux qui acceptent le phénomène de la naissance et de la mort dans ce sens, la lamentation et la douleur n'ont pas leur place. » Néanmoins, nous nous souviendrons, gardant à l'esprit ce sage avis, « Ne cherchez pas à marcher sur les traces des Anciens. Cherchez ce qu'ils ont cherché ». La paix soit avec lui. »

L'assistance resta assise un moment, jusqu'à ce que les profondes résonances du gong en bronze se soient lentement évanouies.

Christmas Humphreys

*LE DÉVELOPPEMENT * DU BOUDDHISME MAHAYANA*

Cet article a été écrit en 1909 pour la Revue Bouddhiste, le journal de la toute jeune Société Bouddhiste de Grande-Bretagne et d'Irlande. Au sujet de l'emploi du terme Hinayana, signifiant Petit Véhicule (de la libération) comme distinct du Mahayana, le Grand Véhicule, le Dr Suzuki fait allusion à la « réprobation historique » inhérente à l'emploi du premier terme, mais le retient pour des raisons pratiques. J'en ai fait de même, et l'article paraît donc dans sa forme primitive (N.d.E.).

Les chercheurs européens en matière de Bouddhisme ont l'habitude de diviser le Bouddhisme en deux, celui du Nord et celui du Sud. Ils comprennent par Bouddhisme Méridional celui qui prévaut principalement à Ceylan, en Birmanie et au Siam, tandis que le Bouddhisme Septentrional est représenté par le Lamaïsme Tibétain, ainsi que par le Bouddhisme de Chine, de Corée et du Japon. Une

* Extrait de la *Buddhist Review* (1909).

telle division géographique, cependant, ne paraît pas très correcte ni justifiable, car nous savons que le Bouddhisme Tibétain est différent du Bouddhisme japonais, comme il l'est de celui de Ceylan ou de Birmanie, pas seulement par certains de ses enseignements, mais principalement dans son aspect pratique. Prenez, par exemple, la Secte Chinoise ou Japonaise Zen (Ch'an en chinois et Dhyana en sanscrit) ou la Secte de la Terre Pure, et comparez-les avec le Bouddhisme Tibétain tel que nous le connaissons aujourd'hui, et vous découvrirez que la différence entre les formes japonaises et tibétaines est peut-être plus grande qu'entre le soi-disant Bouddhisme Méridional, et les sectes bouddhistes chinoises ou japonaises, connues comme Risshu (Li en chinois et Vinaya en sanscrit).

Il vaut probablement mieux diviser le Bouddhisme en Bouddhisme des Arhats et Bouddhisme des Bodhisattvas, l'idéal du premier étant d'atteindre l'état d'Arhat, et le second étant un système d'enseignement qui met avant tout l'accent sur l'accession à la condition de Bodhisattva. Nous pourrions retenir l'ancienne classification des adeptes du Bouddhisme en Sthavira et Mahasanghika, ou bien même inventer une nouvelle méthode de classification, et qualifier les uns de conservateurs et les autres de progressistes.

A tout prendre, cependant, il semble que la distinction entre Bouddhisme Mahayana et Bouddhisme Hinayana demeure préférable à toutes les autres, pour autant que notre connaissance actuelle du développement du Bouddhisme entre en jeu.

Évidemment, cette distinction remémore une réprobation historique, que les chercheurs modernes ont tout intérêt à éviter. Si l'on passe sur cette objection, le terme de Mahayana englobe de manière suffisamment définie toutes les écoles du Bouddhisme qui privilégient l'idéal de la condition de Bodhisattva de préférence à l'accession à l'état d'Arhat, et dont la distribution géographique ne recouvre pas simplement les contrées situées au nord de l'Inde, mais aussi l'Extrême-Orient. Nous emploierons donc le terme de Mahayana dans cet article plutôt pour des raisons de convenance pratique que pour tout autre motif, jusqu'à ce que l'on en vienne à étudier profondément le Bouddhisme sous tous ses divers aspects, historique, dogmatique, rituel, etc.

L'objet du présent article est d'exposer brièvement en quoi, à notre avis, consistent les caractéristiques essentielles du Bouddhisme Mahayana, en contradiction avec le Bouddhisme Hinayana.

Si l'on veut résumer l'univers du Mahayana en un mot, on peut dire qu'il est essentiellement spéculatif. Le Bouddhisme enseigne généralement trois formes de discipline : morale, contemplative, et intellectuelle ; et de celles-ci la troisième semble avoir été particulièrement accentuée par les Mahayanistes, tandis que la discipline morale est devenue le trait principal du soi-disant Bouddhisme Méridional — au point, en fait, que la plupart des étudiants occidentaux du Bouddhisme, dont la principale source d'information est le Tipitaka Pali, en viennent à prendre le bouddhisme, somme toute, comme une sorte d'éthique culturelle sociale, ce qui dès lors interdit de la qualifier de système religieux dans le même sens que le Christianisme. Alors que le Bouddha enseigna apparemment une pratique équilibrée de *Sila, Dhyana,* et *Prajna,* ses adeptes choisirent une seule facette, comme c'est généralement le cas pour tous les enseignements religieux, et mirent l'accent sur un seul aspect aux dépens des autres. On peut dire qu'en un sens le Mahayanisme est allé trop loin dans son envolée spéculative, presque au point d'en oublier son code éthique, le *Vinaya,* tandis que les adeptes du Hinayana se sont mis en position d'être taxés de conservatisme excessif, et de refus de s'adapter à un environnement en constant changement. Que de telles critiques soient fondées ou non, un réformateur pratique du Bouddhisme d'aujourd'hui ferait bien de s'efforcer de rétablir l'équilibre entre les trois formes de discipline, en vue de favoriser une expression plus exacte de l'esprit originel de son fondateur.

Cette tendance à un développement univoque des deux formes du Bouddhisme peut aussi être envisagée dans une perspective historique. A Ceylan, il n'a toujours pratiquement existé qu'une seule secte depuis son introduction. Les Bouddhistes cinghalais ont un code éthique, le Vinaya, qui est exposé en détail dans leurs écritures, et énoncé de façon tellement explicite que même le profane peut le comprendre immédiatement, de sorte qu'aucune interprétation assez divergente n'est véritablement rendue possible. C'est pourquoi il y eut peu de risques de dissension. Le *Vinaya,* tel qu'il est pratiqué aujourd'hui à Ceylan, n'a peut-être pas varié, même dans le détail, depuis le jour de sa première promulgation dans cette île. De ce fait, nous pouvons dire que le Bouddhisme Hinayana préserve scrupuleusement sous sa forme pratique la culture morale bouddhiste telle qu'elle s'est développée entre la mort du Bouddha et l'envoi des missionnaires d'Açoka à Ceylan. Nous insistons sur ce point, car il est tout à fait raisonnable de supposer, comme tendent à le prouver les documents en notre possession, que le Bouddhisme a commencé à se modifier, parmi les divers disciples héritiers spirituels du Bouddha, peu de temps après la période de son enseignement.

L'histoire, en revanche, rapporte un tout autre type d'événements parmi les Mahayanistes. En combien d'écoles le Mahayana s'est-il subdivisé, et avec quelle véhémence chaque école a-t-elle combattu en faveur de ses propres doctrines contre celles des écoles rivales ? Tandis que les Hinayanistes conservaient une évidente tranquillité, les Mahayanistes traitaient leurs coreligionnaires d'une manière assez peu en accord avec leur libéralisme affiché. En fait, ce fut par autosatisfaction qu'ils en vinrent à se désigner comme Bouddhistes Mahayana, adeptes du Grand Véhicule du Salut, en dépréciant leurs frères dans la foi quelque peu conservateurs. Cet esprit de suffisance donna lieu à un comportement passablement exhibitionniste, pas seulement contre les adeptes du Bouddhisme, en un sens, les plus orthodoxes du point de vue éthique, mais aussi entre Mahayanistes eux-mêmes, comme le montre la politique du fameux fondateur de la Secte Nichiren ou Pundarika au Japon.

Sa dénonciation des autres sectes bouddhistes existant alors dans sa patrie fut si forte, véhémente, et presque abusive, que les autorités de l'époque pensèrent qu'il serait souhaitable de se débarrasser tranquillement de lui, même si nous devons préciser que cette persécution n'était pas uniquement fondée sur des motifs religieux.

Un tel type de lutte et de conflit était toutefois en accord avec le développement quelque peu univoque du Mahayanisme en direction de la philosophie spéculative. L'intellect est toujours enclin à la dissension, à la querelle, à l'autosatisfaction, et le développement des dix ou douze sectes du Bouddhisme Japonais fut le résultat inévitable du mouvement Mahayana en général. Bien entendu, elles n'ont pas oublié les stades du Bouddhisme autres qu'intellectuel, car la pratique du *dhyana* est encore de mise. Il existe même une secte en Chine et au Japon qui porte ce nom-là, et exerce une influence considérable, en particulier dans les couches éduquées de la population, mais le fait demeure que le Bouddhisme Mahayana consiste dans le développement d'un aspect — la facette intellectuelle, spéculative, philosophique — du Bouddhisme, tandis que le Hinayanisme en préserve les idéaux éthiques. Pour réaliser la forme parfaite du Bouddhisme, le triple trésor, triatna, doit être harmonieusement développé : le Bouddha, le Dharma et la Sangha doivent s'ériger conjointement, empreints de l'esprit même dans lequel ils furent originellement établis, quelque transformation externe qu'ils puissent avoir incorporée. Si l'on peut considérer que le Hinayanisme a préservé la Sangha dans sa forme parfaite, il est incontestable que le Mahayanisme a pleinement développé la signification philosophique religieuse du Bouddhisme, alors même que les deux écoles se réclament du Bouddha comme leur fondateur commun. Le problème auquel sont maintenant confrontés les Bouddhistes convaincus d'aujourd'hui est de parvenir à une complète réconciliation de la discipline morale du Hinayanisme avec les spéculations du Mahayanisme.

Maintenant, pour voir comment le Mahayanisme a développé la spéculation en comparaison avec le Hinayanisme, nous allons d'abord examiner la doctrine de l'*Anatman*, ou « non-ego ». Elle est considérée comme l'un des traits les plus importants et caractéristiques du Bouddhisme, et à juste titre, puisqu'aussi bien le Hinayana que le Mahayana la tiennent pour essentielle. L'école Hinayana, toutefois, semble être restée presque trop fidèle, si cela était possible, à la doctrine. Elle n'en a pas dépassé l'affirmation négative, elle n'en a pas tiré les conséquences logiques jusqu'à leurs limites extrêmes ; tandis que le Mahayanisme a non seulement étendu la théorie de sa signification subjective au monde objectif, mais a aussi courageusement développé la conclusion possible qu'elle impliquait. Nous ne voulons pas dire que le Hinayana ne porte aucune des tendances exposées par le Mahayana ; en fait, il semble plutôt contenir tout le Mahayanisme à l'état de germe, si l'on peut dire. Ce qui distingue le plus clairement l'école Mahayana à cet égard, est qu'elle énonce des affirmations extrêmement explicites, manifestes, sans équivoque et sans peur, au sujet de questions philosophico-religieuses qui concernent profondément le cœur humain.

Dans le cas de la théorie du non-ego, les Mahayanistes affirment qu'il n'existe pas d'*atman*, ego ou âme, avec ce que cela implique non seulement subjectivement, mais aussi objectivement. C'est-à-dire, ils s'accordent avec les adeptes du Hinayana sur le fait qu'il n'existe rien de tel qu'un ego substantiel derrière notre flux de conscience, comme unité concrète, simple, ultime et indépendante ; mais ils vont encore plus loin et déclarent que ce monde objectif est également dépourvu d'*atman*, d'ego, de Dieu, de créateur personnel, *d'Isvara*, usant et jouissant de sa transcendance absolue derrière cet éternel enchaînement de causes et d'effets. Ceci est techniquement connu comme la double négation du monde subjectif et objectif, et, pour cette raison, l'école Mahayana a souvent été nommée, quoique de façon injustifiable et tout à fait incorrecte, nihilisme ou sunyavadin.

Il peut être intéressant de citer l'opinion d'un chercheur occidental sur le Bouddhisme comme typique d'un jugement empreint d'un préjugé, et non-critique. Eitel, un connaisseur chevronné du Bouddhisme chinois, parle en ces termes de la doctrine bouddhiste du Nirvana dans ses « Trois conférences sur le Bouddhisme », prononcées à l'Union Church, à Hong-Kong, en 1870-1871 : « Le Nirvana est pour eux (les Bouddhistes) un état dont rien ne peut être dit, auquel aucun attribut ne peut être conféré ; il est à la fois abstrait et dépourvu de toute qualité, tant positive que négative. Que dire de spéculations aussi vides et vaines, de mots aussi pathogènes et mortifères, dont la stérile sophistique n'offre à l'aspiration naturelle du cœur humain à un repos éternel rien de mieux qu'un mythe philosophique ? Il est tout à fait naturel qu'une religion qui commence par une banqueroute morale et intellectuelle débouche sur un suicide moral et intellectuel » (page 21, col. 2).

En réalité, les Mahayanistes ne considèrent pas la négation comme le but ultime de leurs spéculations ; car pour eux la négation n'est que le chemin qui mène à une forme plus haute d'affirmation, et ils sont conscients du fait que l'esprit humain vit d'affirmation, et non de négation. Toute approche critique de la philosophie Mahayana, qui s'exercerait à un regard suffisamment sympathique pour en pénétrer le cœur avec assez de profondeur, découvrirait immédiatement que derrière la série de négations offerte par les penseurs Mahayana existe réellement l'affirmation d'une vérité supérieure, qui, étant donné les limites de l'esprit humain, ne peut être présentée par d'autre moyen que la négation. Ce n'est pas un phénomène de sophisme ou de pure abstraction si les Bouddhistes semblent parfois prendre plaisir à une formulation négative de la vérité. Ils sont on ne peut plus sérieusement religieux, ils savent que la vérité religieuse la plus grande ne peut être formulée philosophiquement sous forme stéréotypée. Seuls les gens à courte vue, et qui s'effarouchent, s'arrêtent à la négation et refusent d'aller au-delà, dès lors, s'ils interprètent mal le Bouddhisme Mahayana, c'est de leur faute.

Quel est donc ce quelque chose positif offert par les penseurs Mahayana comme conclusion logique de la théorie du non-ego ? Cela est généralement nommé *tattva* ou ainséité. C'est un terme philosophique, et lorsqu'on met l'accent sur sa teneur religieuse, ou le nomme *Dharmakaya.* Le mot *Dharmakaya* est très difficile à définir. Corps-Essence, Corps-Être, Corps-Système n'expriment pas exactement toutes les idées qu'il contient. Dharma est un terme très extensif dans la philosophie bouddhiste, et dans ce cas il signifie essence, existence, loi et doctrine. En bref, comprenons ici *Dharmakaya* comme la source, la réalité ultime d'où sont dérivées la raison de l'existence, la moralité, et la religion. Dans cette conception de l'ainséité, ou *Dharmakaya,* les Mahayanistes trouvent la plus haute affirmation possible atteinte à l'issue d'une série de négations, et unifiant toutes les formes de contradiction, psychologiques, éthiques et ontologiques. Ashvaghosa, l'un des plus grands philosophes indiens bouddhistes des origines, dit dans son *Eveil de la Foi dans le Mahayana* [1], « l'Ainséité n'est ni ce qui est existant ni ce qui est non-existant ; ce n'est ni ce qui est à la fois existant et non-existant, ni ce qui n'est pas à la fois existant et non-existant ; ce n'est ni ce qui est un, ni ce qui est multiple ; ni ce qui est à la fois un et multiple, ni ce qui n'est pas à la fois un et multiple (...) Cela est complètement au-delà de la compréhension de l'intellect humain,

1. Traduit du chinois par l'auteur, 1900.

et la meilleure manière de le désigner semble être de le nommer Ainséité ».

Nagarjuna, le fondateur de l'école Madhyamika du Bouddhisme en Inde, qui fut un aussi grand penseur qu'Ashvaghosa, déclare dans son *Traité du Milieu,* « Ni naissance, ni mort, ni persistance, ni unité, ni multiplicité, ni arrivée, ni départ : (...) ceci est la doctrine du Milieu ». Et, « Penser « cela est » est de l'éternalisme ; penser « cela n'est pas » est du nihilisme. Être et ne pas être, le sage ne se tient à aucun ».

Toutes ces affirmations ont été considérées comme nihilistes et menant l'esprit nulle part sinon au vide absolu. Mais, comme nous l'avons déjà dit, de telles critiques ignorent le fait que la compréhension humaine, du fait de ses insuffisances constitutives, trouve souvent qu'il est plus efficace et donc plus logique de formuler une vérité sous la forme d'une négation, exprimant ainsi réellement une forme plus haute d'affirmation, comprise seulement par un processus intuitif. Les penseurs Mahayana ont nié, de concert avec leurs coreligionnaires conservateurs l'existence d'un ego, d'une âme concrets ; ils ont refusé d'accepter la doctrine d'un Dieu personnel ; ils se refusent en outre à la moindre affirmation dogmatique ; et l'ultime conséquence logique de toutes ces affirmations nécessairement négatives ne pouvait être autre chose que la conception de l'Ainséité. Passé ce cap, on pénètre dans le mysticisme : la philosophie doit s'incliner avec modestie au seuil de l'Ainséité, et laisser la religion procéder d'elle-même au sein de cette *terra incognita*, *Wülde*, ou *Abgrund*, ainsi que les mystiques allemands aiment à désigner ce monde du « Oui Éternel », ou ce qui est la même chose, du « Non Éternel ». A ce point, dès lors, le Mahayanisme devient mysticisme. Intellectuellement, il est allé aussi loin qu'il le pouvait. *Vidya* doit déboucher sur *dhyana* ou *prajna*, c'est-à-dire l'intellect sur l'intuition, qui est après tout le but ultime de toute discipline religieuse. Le mysticisme est la vie de la religion ; sans lui la religion perd sa raison d'être ; toute sa chaleureuse vitalité s'éteint, tous ses charmes inexprimables s'évanouissent, et il ne reste rien sinon les ossements poudreux et les cendres froides de la mort. Nous avons dit plus haut que le Mahayanisme était hautement spéculatif, mais nous devons ajouter maintenant qu'il est très profondément et intimement religieux.

Il est clair qu'avec la conception de l'Ainséité, les spéculations Mahayana ont atteint leur sommet, et sur cette cime s'érige le grand édifice religieux du Bouddhisme Mahayana. Superficiellement, le Mahayanisme semble très différent du Hinayanisme ; mais lorsque l'on retrace son développement selon les lignes de force que nous venons d'indiquer, on comprend immédiatement qu'en dépit de la disparité qui existe entre les deux yanas du Bouddhisme, celui-là n'est autre que la continuation de celui-ci, commençant par l'intellect et débouchant sur le mysticisme spéculatif.

Lorsque la conception de l'Ainséité est établie, la raison d'être du Mahayanisme devient évidente. Le Bouddhisme n'est pas plus un système agnostique qu'il n'est le système d'une éthique athée. Car dans l'Ainséité ou le *Dharmakaya* il trouve la raison de l'existence, la vraie réalité, la norme de la moralité, la source de l'amour et de la bonté, la fontaine jaillissante de la rectitude, l'intelligence absolue, et le point de départ du karma. L'Ainséité, en effet, selon les penseurs Mahayana, n'est pas seulement condition de l'être, mais énergie, intelligence et amour. Mais dès que l'Ainséité commence à adopter ces attributs, elle cesse d'être l'Ainséité transcendantale ; c'est maintenant l'Ainséité conditionnée. Aussi longtemps qu'elle est restée absolument transcendantale, ne permettant ni négation ni affirmation, elle se situait au-delà du domaine de la compréhension humaine, et ne pouvait pas très bien devenir l'objet de notre conscience religieuse. Mais il y eut l'éveil d'un vouloir dans l'Anséité, et avec cet éveil nous obtenons l'Anséité conditionnelle et auto-limitée, à la place de l'absolument inconnaissable (quant au pourquoi et comment de ce processus, nous devons confesser une profonde et éternelle ignorance). C'est dans cette transformation, pour ainsi dire, de l'Ainséité que le Mahayana reconnaît la signification religieuse du *Dharmakaya*.

Le *Dharmakaya* est maintenant conçu pour le cœur humain comme amour et sagesse, et sa prière éternelle résonne en vue de la délivrance des ignorants de leur mauvais karma auto-créé qui les hante comme une malédiction éternelle. Le processus de la délivrance consiste en l'éveil, dans l'esprit ignorant, de la *samyaksambodhi*, ou sagesse totalement parfaite, qui est la réflexion du *Dharmakaya* dans les êtres sensibles. Cette sagesse, cette *Bodhi*, se trouve généralement endormie chez les êtres plongés dans les ténèbres de l'ignorance, spirituellement assoupis sous l'influence narcotique du mauvais karma, qu'ils ont commis et qu'ils commettent, à cause de la non-réalisation de la présence en eux du *Dharmakaya*. La délivrance ou l'illumination, dès lors, consiste à provoquer l'ouverture de l'œil spirituel de chaque être sensible à cet état de fait. Ce n'est pas son ego, son âme, qui le fait penser, sentir, désirer, ou aspirer, mais le *Dharmakaya* lui-même sous la forme de la *Bodhicitta* ou « sagesse du cœur » qui constitue son être éthique et religieux. Abandonnons la pensée de l'égoïsme, retournons à la source universelle d'amour et de sagesse, et nous sommes libérés des chaînes du mauvais karma, nous sommes illuminés, éveillés à notre raison d'être, nous sommes Bouddhas.

Il peut être dit qu'essayant de faire réaliser à un être sensible la présence de la *Bodhicitta* en lui-même, le *Dharmakaya* travaille à son propre éveil. Ici est impliqué un grand problème philosophique et religieux. Au début, le *Dharmakaya* se niait lui-même par sa propre affirmation, et il travaille maintenant à se libérer de la négation, qui donna naissance à ce monde phénoménal. Ceci est, ainsi semble-t-il à notre intellect limité, un processus éternel de l'Ainséité, de l'affirmation à la négation, et de la négation à l'affirmation. A ce mystère des mystères, toutefois, nous échouons à appliquer nos règles du syllogisme ; nous devons simplement poser cette vérité, apparemment contradictoire, que notre conscience religieuse trouve dans ce mystère quelque chose d'indiciblement fascinant, et à coup sûr la justification de sa propre aspiration éternelle.

De toute manière, suite à la conception de l'Ainséité ou du *Dharmakaya* comme maternité éternelle, source d'amour infini, la doctrine du karma dut modifier, en quelque sorte, son irréfragable sévérité. Ici nous observons une autre phase de la différenciation effectuée par les Mahayanistes d'avec la doctrine communément prônée par leurs frères monastiques, tenants de l'éthique ; nous ne prétendons pas que la doctrine du karma soit niée par les penseurs Mahayana, loin de là. Ils adhèrent à cette doctrine aussi fermement que les philosophes Hinayana ; ils en ont seulement supprimé les effets écrasants sur les pécheurs, qui sont toujours trop timides, trop mal assurés pour porter le fléau de toutes leurs mauvaises actions passées. En d'autres termes, les Bouddhistes Mahayanas offrent une doctrine complémentaire à celle du karma, en vue de donner une solution plus satisfaisante et plus humaine à nos besoins religieux les plus intimes. La doctrine Mahayana du *Parinamana* doit donc aller côte à côte avec celle du karma, car grâce à l'harmonieuse coopération des deux, le véritable esprit du Bouddhisme sera plus efficacement réalisé. Il faut dire que dans cette phase de son développement, le Bouddhisme Mahayana s'avère profondément religieux.

La doctrine du *Parinamana* est essentiellement celle du sacrifice pour autrui. Apparemment, elle contredit la continuité de l'activité karmique ; mais il faut se souvenir que dans le bouddhisme Mahayana, le karma est conçu plutôt sous son aspect cosmique qu'individualiste, et il est dès lors possible de réconcilier les deux notions de karma et de *Parinamana.* Nous allons essayer de clarifier ce point.

Premièrement, que signifie *Parinamana ?* Ce terme provient de la racine *nam,* à laquelle on adjoint comme préfixe la particule *pari,* et il est pris dans le sens de « se pencher vers », « délivrer », « transférer » ou « renoncer », ce pour quoi les Chinois utilisent *hui-shang* qui signifie « se tourner dans la direction de ». La doctrine du *Parinamana* consiste donc à conférer son propre mérite à autrui, à renoncer à soi-même en faveur d'autrui, à sacrifier ses propres intérêts au bénéfice des autres, à expier pour le mauvais karma des autres par l'effet de ses propres bonnes actions, ou à se substituer à autrui, qui devrait à proprement parler souffrir de son propre karma. Pour employer une terminologie chrétienne, la doctrine du *Parinamana* est à certains égards identique à celle du sacrifice expiatoire ; mais il faut se souvenir que, tandis que le sacrifice expiatoire dans le Christianisme signifie la mort du Christ sur la croix pour racheter les péchés de l'humanité, les Mahayanistes ne confinent pas ce principe à un seul événement historique. Le Christianisme est bâti sur l'histoire d'une personne, quelle que soit son authenticité intrinsèque, et non directement sur la nécessité intellectuelle et les faits de la conscience religieuse. Il ne peut donc soutenir l'application universelle du principe du sacrifice expiatoire, ni apprécier l'importance du principe du karma. Ici réside la force du Christianisme, la force du concret et de l'objectivité, comparée avec le Bouddhisme Mahayana ; mais ici réside aussi sa faiblesse, tout au moins semble-t-il en être ainsi aux yeux des penseurs bouddhistes. Une religion bâtie sur l'histoire stimule plus vivement notre imagination, mais ses fondements ne semblent pas aussi fermes que ceux dont la sanction provient directement du cœur humain.

La notion Mahayana de *Parinamana* est fondée sur les vérités suivantes : l'Univers est un vaste système spirituel composé d'êtres moraux, qui sont autant de reflets fragmentaires du *Dharmakaya.* Le système est tissé si intimement que lorsqu'une partie ou une unité qui le compose est affectée d'une façon ou d'une autre, bonne ou mauvaise, toutes les autres parties ou unités sont entraînées dans le mouvement général qui s'ensuit, et participent de la destinée commune. Le subtil système spirituel, dont tous les êtres sensibles sont des parties ou unités composantes, est comme un vaste océan dans lequel se reflète l'éternel clair de lune du *Dharmakaya.* Même une infime vaguelette, repérable quelque part dans l'onde, se répandra inévitablement, tôt ou tard, suivant la résistance des molécules, sur la surface entière, et dès lors dérangera finalement la sérénité de l'image lunaire sur la face des eaux. De la même manière, à chaque action, bonne ou mauvaise, commise par quelqu'une des unités sensibles de cette organisation spirituelle, le *Dharmakaya* se réjouit ou est blessé. Lorsqu'il est blessé, il veut contrecarrer le mal par le bien ; lorsqu'il se réjouit, il sait qu'à ce titre la cause du bien a progressé. Le karma individuel, dès lors, n'est pas réellement individuel, il est très intimement connecté avec l'ensemble, il n'est pas un phénomène isolé prenant sa source dans l'individu et revenant au même agent. En fait, ce n'est pas une simple abstraction de dire que si je lève un bras ou bouge une jambe, il ne s'agit pas d'un acte accidentel ou indifférent, mais d'une action directement reliée à la cause ultime de l'univers. Cette assertion s'applique avec une intensité incommensurablement plus grande dans le cas d'un acte porteur de signification morale. Nous pouvons nous demander, puisque, à notre plan spirituel d'existence, les choses sont si intimement reliées l'une à l'autre, pourquoi ne pourrait-il pas se faire que le mérite de nos propres actions compense ou détruise les effets d'un mauvais karma créé par un esprit ignorant ? Pourquoi ne pourrions-nous pas souffrir pour le salut d'autrui, et alléger, même à un faible degré, le fardeau de mauvais karma sous lequel ploient les faibles et les ignorants, bien qu'ils n'aient qu'eux-mêmes à blâmer pour leur propre déchéance ? » A ces questions, les penseurs Mahayana ont répondu affirmativement. Ils ont dit : « Il est possible pour nous de dédier notre propre bon karma à la cause de la bonté universelle, et de supprimer, écraser ou rendre très inefficace le mauvais karma perpétré par les ignorants. Il nous est possible de nous substituer à autrui et de porter sa charge, le sauvant ainsi du mal qu'il s'est fait. » Le résultat de cette conviction est la doctrine de *Parinamana*.

En ceci on voit donc que, tout à fait en accord avec la doctrine cosmique du *Dharmakaya*, les philosophes Mahayana mettent l'accent sur la signification universelle ou supra-individuelle du karma plutôt que sur son caractère solitaire, individuel. Dans le système Hinayana, la conception du karma est purement et simplement individualiste, il n'existe aucun type d'issue aux conséquences de nos propres mauvaises ou bonnes actions, car elles nous suivent même après la mort, qui est seulement une autre forme de la naissance. Les Bouddhistes Mahayana croient en cela pour autant que la loi de la causalité karmique est concernée, mais ils font un pas supplémentaire et affirment que le karma présente également un aspect cosmique ou supra-individuel qui doit être pris en considération lorsque nous voulons pleinement réaliser la signification de notre existence spirituelle. Bien que l'être humain doive moissonner ce qu'il a semé, et qu'il n'ait aucun moyen d'échapper aux conséquences de ses mauvaises actions, les Mahayanistes diraient qu'un Bodhisattva souhaite du fond de son cœur offrir pour le bien-être général de sa communauté quelque mérite qu'il puisse détenir, provenant de ses bonnes actions, et prendre sur lui quelque fardeau ou mal qui soit de nature à faire déchoir ses congénères ignorants et autodestructeurs. Le bien qu'il fait n'est pas nécessairement dans son propre intérêt ; le mal qu'il évite ne l'est pas toujours en vue de son propre bénéfice ; quelque action qu'il accomplisse, il n'en oublie pas le caractère universel ; pardessus tout, il désire, dans toute la mesure du possible, être au service de l'ensemble de la communauté spirituelle dont il est une composante.

En fait, donc, la doctrine du *Parinamana* est plus que celle du sacrifice expiatoire. Elle est cela, dans la mesure où un Bodhisattva souhaite soulager de leur fardeau maléfique les véritables coupables, et les sauver de la souffrance, mais lorsqu'il travaille à augmenter « le stock global de bonté », et nourrir la « racine du mérite » dans ce monde, il opère plus qu'une simple substitution, il fait quelque chose de positif. *Parinamana* est sacrifice expiatoire, renonciation à soi-même, transfert de mérite, promotion de la bonté universelle, annihilation de « moi » et « toi », reconnaissance de l'unité de toutes choses, et satisfaction complète de nos plus intimes aspirations religieuses.

La doctrine du karma est terrible, la doctrine du *Parinamana* est humaine : le karma est la loi de la nature, inflexible et irréconciliable, le *Parinamana* est le cœur d'un être religieux, empli de larmes. L'un, d'une rigidité toute masculine, ne connaît aucune pitié ; l'autre est d'une extrême tendresse masculine, toujours prêt à compatir et à aider. L'un est l'incarnation de la justice, l'autre l'amour absolu. L'un est le dieu du tonnerre et des éclairs, qui foudroie tout ce qui ose lui résister ; l'autre est la douce ondée de printemps, tiède, douce, relaxante, qui aide toute forme de vie à croître. Nous nous inclinons devant l'un, empreints de terreur sacrée ; nous embrassons l'autre comme une mère retrouvée. L'un nous est nécessaire pour être responsables de nos propres pensées, sentiments, aspirations et actions ; mais nous ne pouvons laisser aller l'autre, car nous avons besoin d'amour, de tolérance, d'humanité et de douceur de cœur. De la sorte, on peut dire que le Bouddhisme Mahayana exerce un singulier effet adoucissant sur la conception du karma. Le karma ne peut être nié, c'est la loi ; mais le cœur humain est tendre et aimant, il ne peut demeurer calme et indifférent devant le spectacle de la souffrance, quelle qu'en soit l'origine. Il sait que toutes choses proviennent *in ultimo* de la même source ; lorsque les autres souffrent, je souffre aussi ; alors pourquoi la renonciation à soi-même ne viendrait-elle pas quelque peu modérer l'austérité du karma ? Telle est la position adoptée par les Bouddhistes Mahayana en regard de la doctrine du karma.

Avec la modération, pour ainsi dire, de la théorie karmique, un autre changement s'est instauré dans le système du Bouddhisme Mahayana concernant la notion d'homme idéal, c'est-à-dire, ce qui constitue le véritable Bouddhiste idéal, quel type d'être il doit représenter, celui qui incarne réellement toutes les nobles pensées et les sentiments illuminés du Bouddhisme Mahayana. L'état d'Arhat n'était pas totalement satisfaisant à cet égard, et cessa d'être le but de la discipline religieuse pour les adeptes du Mahayana. Ils considèrent l'Arhat comme quelqu'un qui ne réalise pas complètement les plus intimes aspirations de la conscience religieuse, car c'est un Bouddhiste qui cherche seulement sa propre délivrance du tourbillon de naissance et de mort, dans lequel tous les êtres se débattent et sont engloutis. Aussi longtemps que le karma était considéré du point de vue de son aspect individualiste, l'état d'Arhat était tout à fait ce à quoi aspiraient les Bouddhistes ; mais le karma pouvait être interprété dans un sens autre, et plus large, ce qui a rendu possible la doctrine du *Parinamana,* et les Mahayanistes ont pensé que cela était plus en accord avec les plus profondes aspirations d'un être religieux, qui veut sauver non seulement lui-même, mais aussi le monde entier. Aussi les Bouddhistes spéculatifs en vinrent-ils à établir l'idéal de la condition de Bodhisattva à la place de celui de l'état d'Arhat ; et pour cette raison, le Mahayanisme est souvent désigné comme Bodhisattvayana, en contradiction avec le savakayana et le pratyekabuddhayana.

Le développement de l'idéal de la condition de Bodhisattva était tout à fait naturel pour les Bouddhistes Mahayana. Étant donné que les adeptes du Hinayana adhéraient avec la plus grande foi à la vie morale, monastique et disciplinaire du Bouddhisme primitif, tandis que les Mahayanistes étaient enclins à déployer la signification philosophico-religieuse des enseignements du Bouddha, on verra que plus ils avanceront, plus large sera le fossé qui les sépare. Pour les moralistes, une envolée imaginative aussi audacieuse que les conceptions mahayanistes était une chose extrêmement difficile à réaliser ; la responsabilité morale implique une stricte observance de la loi du karma, ce que l'on a fait ne peut être défait, bien ou mal, on doit en supporter les conséquences karmiques, seul l'état d'Arhat, dès lors, pouvait être visé par ces moralistes partisans de l'auto-discipline. Mais avec les Mahayanistes cela devint différent. Ils en vinrent à considérer la portée morale de notre activité plutôt du point de vue de ses implications cosmiques, ou de la plus intime interdépendance qui s'exerce parmi les êtres sensibles, du fait de leurs activités morales, intellectuelles et spirituelles. Opérant un tel changement de point de vue, ils ne pouvaient que parvenir à la réalisation de la doctrine du *Parinamana.*

Il n'y a pas deux Bouddhismes, le Mahayana et le Hinayana sont un, et l'esprit du fondateur du Bouddhisme règne sur les deux. Chacun s'est développé à sa manière, suivant l'environnement différent au sein duquel il a pris germe et dans lequel il s'est déployé — en entendant par environnement tous les divers facteurs existentiels qui composent les particularités d'un individu ou d'une nation. Par surcroît, le manque de communication a empêché le rassemblement des Bouddhistes, et ils ne sont donc pas encore parvenus à une complète compréhension mutuelle. Les temps deviennent mûrs, maintenant, pour que chacun comprenne pleinement et constate en toute honnêteté ses limites et ses atouts, et désire sérieusement coopérer avec les autres, pour mettre en œuvre une assimilation impeccable de toutes les pensées et de toutes les pratiques bouddhistes en un système uniforme, contribuant ainsi à la promotion de la paix et de la bonne volonté parmi tous les êtres sensibles, quelles que puissent être leurs différences raciales et nationales.

*LE MESSAGE DE BODHIDHARMA * FONDATEUR DU BOUDDHISME ZEN*

L'histoire du Bouddhisme Zen commence avec Bodhidharma, personnage populaire au Japon et en Chine, où il est connu respectivement sous les noms de Daruma, et Tama. Il vint en Chine à la fin du Vᵉ siècle. Mais le sens de la venue de Daruma ne fut pas pleinement reconnu avant l'époque d'Eno (Hui-Neng en chinois) lorsque surgit une dispute entre lui et son opposant, Junshu (Shen Hsiu). Tous deux étaient disciples de Gunin (Hung-ien, mort en 675) et chacun prétendait transmettre la lignée orthodoxe de l'enseignement Zen, remontant au Premier Patriarche, Bodhidharma. Dans ces conditions, nous pouvons dire que la valeur et la signification du Bouddhisme Zen comme distinct de toutes les autres écoles du Bouddhisme qui s'étaient jusque-là développées en Chine, ne furent pas manifestement appréciées par ses adeptes avant la fin du VIIᵉ siècle.

Quel est l'enseignement de Daruma ? On peut y distinguer trois traits caractéristiques qui le distin-

* Extrait de *Aryan Path* (janvier 1936).

guent des autres écoles bouddhistes. Étant donné que l'enseignement de Daruma, qui en vint plus tard à être connu comme Bouddhisme Zen, appartient à la branche pratique du Mahayana, il ne cherche aucunement à offrir une nouvelle méthode philosophique pour appréhender la vérité du Bouddhisme. Daruma n'était pas un logicien. Il voulait simplement vivre la vérité. Tout ce qu'il enseignait consistait dès lors à présenter la méthode qu'il considérait comme la plus efficace pour atteindre le but ultime de l'existence bouddhiste. Tous les traits caractéristiques de son enseignement sont donc inévitablement en relation avec la discipline bouddhiste.

1. La première chose nécessaire à la discipline était de savoir précisément quel était l'objectif de la vie bouddhiste. S'il n'en avait pas pleine connaissance, le yogin serait comme un aveugle lancé dans une course folle. Daruma désigne l'objectif en tant que vision de la nature de notre propre esprit, ce qu'il nommait *shin* ou *kokoro* (*hsin* en chinois). *Shin* ou *hsin* correspond au sanscrit *citta* ou, fréquemment à *hridaya.* Lorsque cela est traduit par « esprit », c'est trop intellectuel ; « cœur » est trop émotionnel ; tandis qu' « âme » suggère quelque chose de concret, associé à un ego substantiel. Provisoirement, je donnerai à l'Esprit, avec un « E » majuscule, le soin de remplir la fonction de *shin* ou *hsin.* Daruma nous demande donc de scruter profondément cet Esprit. Car c'est seulement lorsque cela est perçu ou saisi que nous atteignons le but qui est « l'établissement paisible de l'Esprit » nommé *anjin* (*an-hsin*).

L'entretien de Daruma avec Eka (Hui-k'e) est significatif à cet égard. Daruma ne parla pas de réaliser le Nirvana, ou d'atteindre l'émancipation ; il ne discourut pas non plus sur la doctrine du non-ego, c'est-à-dire *anatta.* Lorsqu'Eka dit à son maître à quel point son esprit était troublé, Daruma exigea immédiatement qu'il lui montre cet esprit troublé afin de pouvoir le calmer pour son propriétaire. Car telle était la méthode patentée de Daruma, à laquelle n'avait encore eu recours aucun de ses prédécesseurs.

Lorsqu'Eka se plaignit d'avoir l'esprit troublé, il utilisa le terme d'« esprit » dans sa signification conventionnelle, ce qui, néanmoins, indiquait également que sa pensée suivait le mode de raisonnement conventionnel. C'est-à-dire qu'il nourrissait une croyance inconsciente dans la réalité d'une entité connue comme esprit ou *shin*, et une telle croyance impliquait de ce fait une interprétation dualiste de l'existence menant à la reconstruction conceptuelle de l'expérience. Aussi longtemps qu'une telle croyance serait entretenue, il ne pourrait jamais réaliser la finalité de la discipline bouddhiste. Daruma voulut donc libérer Eka des chaînes de la notion d'esprit. La libération consistait à l'« établir paisiblement », ce qui était en même temps voir de façon pénétrante l'intime nature de son propre être, l'Esprit.

Eka doit avoir passé de nombreuses années à la recherche d'un esprit, dont il se supposait pourvu, philosophiquement ou logiquement, aussi bien que conventionnellement. Finalement, la notion a dû se faire jour en lui qu'il n'existait après tout aucune entité telle qu'on puisse la nommer esprit. Mais une pareille compréhension échoua à calmer son esprit, parce qu'il y manquait un « sceau » final ; ceci n'éclata pas dans sa conscience comme achèvement de l'expérience. Il réapparut devant Daruma et donna une réponse à la question du maître qui lui demandait de montrer son esprit : « Je cherche l'esprit mais il reste hors d'atteinte. » Alors Daruma s'exclama « Voici cet esprit pacifiquement établi ! »

Eka parvint tout à coup à une expérience réelle ; cette apposition magistrale du « sceau » brisa la barrière intellectuelle et fit faire à Eka un pas au-delà de son intuition du caractère inatteignable de l'esprit. Sans la confirmation absolue de Daruma, Eka ne savait pas encore où fixer son « esprit ». Fixer sans fixer, et donc fixer, pour utiliser la dialectique *prajna.* En d'autres termes, Eka trouva son esprit là où il était introuvable, et de ce fait son « esprit » s'en trouva finalement établi paisiblement. Telle est la doctrine de l'Esprit selon Daruma.

2. Daruma nous enseigna-t-il une forme particulière de méditation ? Zen signifie *dhyana,* c'est-à-dire méditation. En tant que Premier Patriarche du Zen en Chine, Daruma prône naturellement la méditation. Mais la sienne est spécifiquement connue sous le nom de *hekkwan,* littéralement « contemplation du mur ». Il n'a jamais défini ce terme et il est difficile de savoir exactement de quel type de méditation il s'agissait. C'est le moins que l'on puisse dire car, pour autant que cette pratique différait de la méthode traditionnelle, et s'affirmait comme mahayaniste, il ne

s'agissait pas seulement d'une méthode d'apaisement, ni d'une forme de contemplation. Il ne pouvait en même temps s'agir que de suivre l'idée indiquée dans le *Vimalakirti* : « Lorsqu'un esprit est contrôlé de telle sorte qu'il soit fermement fixé sur un sujet, il accomplira toute chose. » Ceci signifie « garder l'esprit concentré comme l'à-pic d'une falaise, sans que rien n'entame son imperturbabilité ». Car c'est ainsi que l'on peut s'engager sur le sentier (*tao*).

Le *hekkwan* de Daruma, par conséquent, signifie « concentration », fixer fermement l'attention sur un sujet. Mais cela doit receler quelque chose de plus. Le *hekkwan* était la méthode pour trouver la « demeure de toutes les pensées », en d'autres termes, exercer une vision pénétrante de la nature de l'Esprit. La méthode est toujours définie et contrôlée par l'objet. Lorsque l'objet consiste à expérimenter ce qui est immuable dans le muable sans en interrompre le mouvement, la concentration signifie un état d'extrême activité, et pas du tout une simple quiétude ou passivité. Le *hekkwan* alors en connection avec son objet commence à détenir une signification propre.

En fait, « contemplation du mur » n'est pas du tout approprié pour expliquer le *hekkwan.* « Se tenir comme l'à-pic d'une falaise » n'indique pas la posture corporelle du pratiquant du Zen lorsqu'il se tient, jambes croisées, la colonne vertébrale droite ». « Être comme une falaise ou un mur » se réfère à un état d'esprit interne dans lequel ces agents de trouble et de confusion, les chaînes des formations mentales, sont brisés net. L'esprit n'éprouve plus aucune aspiration, maintenant ; il n'y a plus de recherche çà et là, d'effort en vue d'atteindre, de mise à l'écart, ni de représentation de quoi que ce soit ; cela est semblable à un solide bloc de roche ou de bois ; il n'y a ni vie ni mort en cela, ni mémoire ni intellection. Bien que l'on parle d'esprit, selon le langage conventionnel, il n'y a réellement ici pas d' « esprit », l'esprit est non-esprit, *shin* est *mushin*, *hsin* est *mu-hsin*, *citta* est *acitta.* Ceci est la méditation *hekkwan.*

Mais si nous imaginons que c'est le stade final de l'exercice, nous nous abusons grandement, car nous ne nous sommes pas encore engagés sur le sentier (tao). L'orientation nécessaire a été effectuée, mais la chose elle-même est encore loin au-delà. Si nous en restons là, le Zen perd toute vie. Il doit y avoir un retournement, un éveil, l'atteinte d'un nouvel état de conscience — le cadenas est cassé, pour ainsi dire. Toutes les tentatives intellectuelles entreprises jusque-là en vue de découvrir la demeure de toutes les pensées, et de tous les désirs, ne pouvaient parvenir à ce point ; toutes les formes de contemplation, tous les exercices de recherche de la quiétude prônés jusque-là par les prédécesseurs indiens et chinois de Bodhidharma ne pouvaient réaliser cela. Pourquoi ? Parce que les objets érigés séparément en vue de leur discipline étaient somme toute, si l'on peut dire, à côté de la plaque et ne recélaient aucun pouvoir de création inhérent.

3. Ce qui peut être nommé l'enseignement éthique du Bouddhisme Zen de Daruma est la doctrine de

Mukudoku (*wukung-te* en chinois) qui signifie « pas de mérite ». C'est la réponse donnée par Daruma à la question de l'Empereur quant au montant des mérites accumulés au moyen de la construction de temples, d'offrandes au Bouddha, d'entretien de moines et nonnes, etc. Selon le Premier Patriarche, les actes effectués avec l'idée de quelque mérite en découlant sont absolument dépourvus de valeur morale, jusqu'à ce que vous agissiez en accord avec le « Dharma », qui est pur par nature, au-delà du bien et du mal, vous ne pouvez être considéré comme un adepte du Zen.

Selon Daruma, il n'existe aucune antithèse dans le Dharma entre bien et mal, détachement et attachement, « soi » et « autrui ». Dans son discours sur « la Double Entrée » il décrit la vie d'un homme sage dans les termes suivants :

« Comme il n'existe dans l'essence du Dharma aucun désir de possession, un homme sage est toujours prêt à donner son corps, sa vie et ses biens, sans aucune parcimonie — il ignore tout de ce que signifie la mauvaise grâce. Comme il détient une parfaite compréhension de la triple nature du vide (*sunyata*), il est au-dessus de la partialité et de l'attachement. C'est seulement à cause de sa volonté de purifier tous les êtres de leurs souillures qu'il vient parmi eux comme l'un d'eux, mais il n'est pas attaché à la forme. Voilà le bénéfice qu'il tire de son existence. Cependant, il sait aussi comment concéder du bénéfice à autrui et, en outre, comment glorifier la vérité de l'Illumination. Ce qu'il en est de la vertu de la compassion, il en est de même des cinq autres vertus : Moralité, Humilité, Endurance, Méditation et Intuition. Qu'un homme sage pratique les six vertus de perfection et annihile les pensées confuses, il n'entretient pas pour autant la moindre conscience d'être engagé dans quelque action méritoire — ce qui signifie être en accord avec le Dharma. »

Ce concept d'actions dépourvues de mérite est l'un des plus difficiles à comprendre — et encore plus à pratiquer. Lorsqu'il est complètement maîtrisé, on peut considérer que la discipline Zen est maîtrisée. La première approche intellectuelle consiste à réaliser que les choses de ce monde sont caractérisées par la bipolarité et qu'elles doivent toujours être interprétées en fonction d'un sujet qui les perçoit et les évalue. On ne peut jamais échapper à cette opposition bipolaire entre sujet et objet. Il n'existe aucun monde objectif absolu dont un sujet serait exclu, de même qu'il n'existe aucun sujet auto-existant qui ne soit confronté à quelque monde objectif. Mais à moins d'échapper à ce dualisme fondamental, nous ne pouvons jamais être à l'aise avec nous-mêmes. Car le dualisme signifie finitude et limitation. Cet état de choses est décrit par les Mahayanistes comme « atteignable ». Un esprit atteignable est un esprit limité, et tous les soucis, toutes les peurs et les tribulations que nous traversons sont les machinations d'un esprit limité. Lorsque ceci est transcendé, nous plongeons dans l'Inatteignable, et de la sorte est obtenue la paix de l'esprit. L'Inatteignable est l'Esprit.

Cette approche, étant intellectuelle, n'est rien de plus qu'une reconstruction conceptuelle de la réalité.

Pour devenir une réalité vivante, en chair et en os, l'Inatteignable doit devenir atteignable, c'est-à-dire, être expérimenté, car *anjin* (c'est-à-dire l'établissement paisible de l'esprit), pour la première fois deviendra possible.

Dans un manuscrit Tung-huang récemment découvert, que j'ai plusieurs raisons de considérer comme consistant en discours donnés par Duruma, l'auteur s'oppose fortement à la simple compréhension selon les mots. Le Dharma, selon lui, n'est pas un thème de discours ; le Dharma, dont l'autre nom est l'Esprit, n'est pas ce dont on pourrait se souvenir ou avoir connaissance. Lorsqu'on lui demanda une déclaration positive, Daruma ne répondit pas, il demeura silencieux. N'est-ce pas aussi une espèce d'action dépourvue de mérite ?

Selon un historien bouddhiste de la dynastie T'ang (618-907 après J.-C.), l'arrivée de Daruma en Chine a causé un vif émoi parmi les érudits bouddhistes aussi bien que chez les bouddhistes ordinaires, tellement son attitude leur parut antagoniste de la leur. Les lettrés qui l'avaient précédé encourageaient l'étude de la littérature bouddhiste sous forme de *sutras* et de *shastras ;* le résultat en était une intense activité de systématisation philosophique des dogmes et des croyances. Sur le plan de la discipline pratique, les Bouddhistes étaient sérieusement engagés dans des exercices de méditation dont le principal objet consistait en une sorte d'entraînement à la quiétude. Daruma s'opposait à cela également, car sa pratique du *dhyana* avait un suprême objectif, atteindre la nature de l'Esprit lui-même et ceci ni par le moyen de l'étude et de l'érudition, ni par le moyen d'actions morales, mais par le moyen de *prajna*, la sagesse transcendentale. Ouvrir un champ nouveau à l'existence bouddhiste, telle était la mission de Daruma.

Lorsque le Zen, fut fermement établi à partir d'Eno (Hui-Neng), ses adeptes commencèrent à se demander pourquoi Daruma était venu en Chine. La question n'était pas posée en vue de s'informer, mais de s'auto-illuminer. Par ceci je veux dire que la question concerne notre propre vie intérieure, mais pas nécessairement les allées et venues de quelqu'un. Alors qu'apparemment Daruma est le sujet, en réalité il n'a rien à faire là-dedans ; la preuve en est que, parmi toutes les réponses qui ont été recueillies, nous ne remarquons aucune espèce de référence personnelle à Daruma lui-même.

En vue d'observer quel tour prit le développement caractéristique du Bouddhisme Zen, l'enseignement de Daruma, après le Sixième Patriarche, Eno (Hui-Neng), en Chine, je cite certaines des réponses données à la question que je viens de mentionner. Le lecteur y rencontrera diverses formulations données au travail de l'Esprit :

Ummon Yen : « Voulez-vous connaître le Patriarche (Daruma) ? » Disant ceci il brandit son bâton et, le pointant en direction de la congrégation, poursuivit : « On voit le Patriarche bondir au-dessus de vos têtes. Voulez-vous savoir où sont ses yeux ? Regardez droit devant vous sans trébucher. »

Kisu Sen : « Comment se portaient les gens avant la venue de Daruma en Chine ? Ils vivaient très heureux, dans la pauvreté et la propreté. Comment se portèrent-ils après son arrivée ? La richesse et la crasse causent de nombreux soucis. »

Keitoku Sei: « Comment allaient les choses avant la venue de Daruma en Chine ? Six fois six font trente-six. Comment allèrent-elles après sa venue ? Neuf fois neuf font quatre-vingt-un. »

Gyoku-Sen Ren : « Comment allaient les choses avant la venue de Daruma en Chine ? Les nuages enveloppent les pics montagneux. Comment allèrent-elles après sa venue ? La pluie tombe sur le Hsiao et le Hsiang. »

Houn Houn : « Qu'en était-il du monde avant la venue de Daruma en Chine ? Les nuages se dispersant, les trois îlots se profilent distinctement. Qu'en fut-il du monde après sa venue ? La pluie passant, les fleurs par centaines sont rafraîchies. Et quelle différence y a-t-il entre l'avant et l'après ? Fendant la légère brume matinale, le batelier remonte le courant de la rivière, tandis qu'au soir il redescend, la voile déployée sur les vagues vaporeuses. »

A la question « Quelle est la signification de la venue de Bodhidharma de l'Occident ? », les réponses suivantes sont données par différents maîtres :

Ryuge : « C'est bien la pire des énigmes. »

Ryozan Kwan : « Ne dites pas n'importe quoi. »

Fusui Kan: « A chaque fois que l'on y pense, le cœur se brise. »

Shoshu : « Un bonheur ne sort pas de la maison tandis qu'une sale rumeur voyage très loin. »

Dosan : « Je vous le dirai quand la rivière Tao remontera son cours. »

Dans le Zen, il n'existe pas de réponse uniforme, pour autant qu'il s'agisse de sa signification apparente, même à une seule et même question, et l'esprit est absolument libre de choisir ses matériaux lorsqu'il veut s'exprimer.

*LE BOUDDHISME ZEN **

« Zen » est une abréviation de zazen, qui est un terme japonais ; le terme chinois original est *ch'an* qui est la traduction du terme sanscrit *dhyana,* en pali *jhana.* Les lettrés chinois n'aimaient pas utiliser les termes sanscrits originaux, ils préféraient traduire chaque terme sanscrit en chinois. Lorsqu'ils trouvaient l'équivalent chinois du terme sanscrit, ils tentaient la fusion du chinois et du sanscrit, opérant de la sorte une espèce d'hybridation. Ces termes hybrides sont très expressifs pour l'esprit chinois, et un long usage a érigé les termes de cette terminologie hybride au rang de termes techniques.

Maintenant, les termes de *ch'an* et *zazen* sont tombés en désuétude [1]. Cela signifie *Jhana* qui, dans son sens originel, signifie « méditation » — pas

---

1. Rappelons que le Dr Suzuki s'exprime en 1953, à Londres, soit 14 ans avant la venue du Premier Patriarche Zen de l'Occident, en France, Taisen Deshimaru Roshi, qui sera qualifié par le chef spirituel du Soto Zen et Abbé de Heiheiji, de « Bodhidharma des temps modernes », et qui créa l'Association Zen Internationale.

* Extrait du *Aryan Path* (1953).

exactement méditation au sens occidental, mais quelque chose de très similaire. Nous pouvons donc considérer que *jhana* signifie méditation, contemplation, apaisement ou concentration ; ces termes s'approchent de la signification originelle de *jhana*, mais pas exactement. Mais la façon dont le Bouddhisme Zen utilise le terme « Zen » est très différente de sa signification originelle. Ceci doit être souligné d'emblée.

Le Zen se développe en Chine au VIIIe siècle. La paternité en est traditionnellement attribuée à Bodhidharma, comme sous le nom de Tamo en Chine et Daruma au Japon. Bodhidharma vint de l'Inde en Chine au VIe siècle, mais ce qu'il enseigna n'était pas exactement ce que l'on nomma Zen plus tard. Le Zen se développa réellement environ 150 ou 200 ans après la venue de Bodhidharma.

Le véritable fondateur en Chine est connu sous le nom de Hui-Neng, Wei-Lang, ou Eno. Ce qui distingua Hui-Neng de ses prédécesseurs et du reste des maîtres bouddhistes chinois est ce qui constitue réellement l'essence de l'enseignement Zen.

L'illumination est une expérience que rencontra le Bouddha et grâce à laquelle il fut en mesure d'enseigner le Bouddhisme. Bouddhisme signifie en vérité « la Doctrine de l'Illumination ». *Prajna* est utilisé très fréquemment comme synonyme d'illumination.

En Chine, avant Eno, on pensait que cette illumination ne pouvait être atteinte qu'après que l'on eût pratiqué *jhana*, et que l'on fût devenu compétent en matière de méditation. Eno soutenait que *prajna* et *jhana* devaient aller de pair ; l'un sans l'autre ne menait nulle part. Ce couple est considéré comme absolument essentiel dans l'étude du Bouddhisme.

Il existe trois formes de discipline dans l'observance du Bouddhisme : 1) Les préceptes moraux, c'est-à-dire, ne pas voler, etc. ; 2) Jhana ou Zen ; et 3) Prajna. Délaissons la première et commençons par le Zen, ou *jhana,* et *prajna.* Lorsqu'il y a *prajna* il y a *jhana* et vice versa. Lorsque l'un (ou l'une) est atteint, l'autre survient simultanément, il est impossible de les séparer. Tel était l'enseignement originel.

Aussi, lorsque nous parlons de « Bouddhisme Zen », ce terme de Zen est utilisé de façon quelque peu différente de la manière ordinaire. Habituellement, Zen est utilisé dans le sens de méditation, concentration ou contemplation, mais dans le Bouddhisme Zen, « Zen » n'est pas utilisé dans ce sens mais comme synonyme de *prajna.* Pour comprendre le Bouddhisme Zen, par conséquent, il est nécessaire de savoir que *Dhyana* n'est pas quelque chose de différent de *prajna* et que *prajna* n'est pas quelque chose que l'on obtient après l'obtention du Zen. Lorsque nous pratiquons *jhana,* c'est le moment exact où se déploie *prajna.* Tel était l'enseignement originel d'Eno, et ce fut le début du Bouddhisme Zen.

Un jour un officier du gouvernement chinois qui était aussi poète et peintre, fit venir le premier disciple d'Eno et lui demanda : « Quelle est cette Voie une, quel est l'enseignement de votre école qui nie la distinction entre Zen et *Prajna ?* Le disciple d'Eno répondit : « Le Zen se trouve là-même où vous parlez, vous posez une question et le Zen est là.

Ce n'est pas que l'un vienne avant l'autre, ils sont simultanés. Lorsque vous me parlez, le Zen est là, *Prajna* est là, ils ne sont pas différents. »

Pour exprimer ceci de façon plus moderne : tandis que nous agissons, pensons et ressentons, il y a identité entre Zen et *prajna.* Cette connaissance intuitive spatiale n'a pas à être développée après la pratique du Zen. *Prajna* se trouve là où se trouve le Zen.

Prajna est un autre terme difficile à traduire en français. Nous utilisons généralement les expressions de « sagesse transcendantale » ou de « connaissance intuitive » pour exprimer *prajna.* Les Chinois, en dépit de leur aversion pour les langues étrangères, utilisaient un terme qui est une transposition chinoise de *prajna. Prajna* est quelque chose que notre connaissance discursive ne peut atteindre. Elle ressortit d'une autre catégorie que la simple connaissance. Les Bouddhistes soulignent rigoureusement cette distinction, ils disent, non pas connaître, mais connaître et voir ; les deux opérations doivent survenir conjointement. Pour que s'opère le processus de connaissance, il faut deux pôles, le sujet et l'objet.

Maintenant, voir ne consiste pas seulement dans le fait de connaître quelque chose, voir signifie voir directement cela. Connaître et voir sont généralement accouplés dans l'enseignement bouddhiste, il ne suffit pas de connaître, voir doit coïncider avec connaître. En Occident vous faites la distinction entre connaître et voir. Connaître est philosophique, on a connaissance de ; et voir est voir directement, personnellement, c'est-à-dire par expérience personnelle. Connaître exige toujours une médiation, mais voir est direct, pourtant en voyant nous ne voyons généralement pas les choses directement. Lorsque nous pensons que nous voyons quelque chose, cette vision n'est pas réelle du point de vue du Zen. Lorsque vous voyez une fleur, par exemple, vous ne devez pas seulement voir la fleur mais la fleur doit aussi vous voir. Voir est réellement ma vision de la fleur, et la vision que la fleur a de moi. Lorsque cette vision est réciproque, il y a vision réelle.

Certains lettrés disent que, lorsque nous pensons que nous voyons une fleur, nous plaçons nos sentiments dans la fleur. Ma pensée ou vision, ou votre pensée ou vision, est placée dans la fleur, ce qui lui donne vie. Mais, selon la façon Zen de penser, il n'y a pas de transfert de mon imagination dans la fleur. La fleur elle-même est vivante et, en tant que chose vivante, elle me voit. Aussi ma vision est-elle celle de la fleur. Lorsque ceci se met en place il y a vision réelle. Lorsque cette finalité est réalisée, c'est-à-dire, lorsque ma vision devient la vision de la fleur, alors il y a communication réelle, ou identification réelle de la fleur avec moi-même, ou du sujet et de l'objet. Lorsque cette identification réciproque se met en place, la fleur est moi et je suis la fleur.

Un lettré chinois demanda un jour à un maître Zen : « L'un des premiers philosophes bouddhistes a dit "Le ciel et la terre ont la même source ; dix mille choses et moi sont un". » Et il ajouta : « N'est-ce pas une parole merveilleuse ? » Le maître regarda une fleur dans la cour et dit : « Les hommes de ce monde voient la fleur comme en rêve », signifiant par là que leur vision n'est pas une vision réelle, ce qui implique que pour qu'il y ait réellement vision il m'est nécessaire de voir la fleur et il est nécessaire à la fleur de me voir. Lorsque ceci est réciproque et que l'identification a lieu, alors il y a réellement vision. Alors nous faisons l'expérience de ce que le lettré bouddhiste énonçait dans le passage cité : « Le ciel et la terre ont la même source, dix-mille choses et moi sont un. »

Mais il s'agit là de simples propos abstraits, et aussi longtemps que nous demeurons dans l'abstraction, il n'y a pas d'expérience effective. Le maître Zen souligna ce fait à l'intention de son disciple : « Au lieu de vous exprimer de manière abstraite ou de citer ce que les autres ont dit, regardez donc cette fleur en devenir et identifiez-vous à elle, pas comme dans un rêve, mais voyez dans sa réalité effective la fleur elle-même. Alors vous voyez que l'univers entier n'est que l'expression de votre propre esprit. »

Avant de quitter le Japon j'ai lu dans un journal anglais un article intéressant écrit par un Russe dont voici l'argument : « Le monde objectif ne peut exister que dans ma subjectivité ; le monde objectif n'existe pas réellement avant d'être expérimenté par cette subjectivité en moi-même. » Cela ressemble à l'idéalisme de Berkeley. Un jour un Russe se déplaçait en bicyclette et il entra en collision avec un camion ; le chauffeur était furieux mais ce Russe dit et redit : « Le monde n'est autre que ma subjectivité. » En une autre occasion, alors qu'il pensait de façon ordinaire, il n'y eut pas de collision mais quelque chose d'autre survint et il s'éveilla à cette réalité : « Rien n'existe sinon ma subjectivité. » Lorsqu'il eut cette expérience, ce fut une grande illumination et il dit à un ami : « Chaque chose est dans chaque autre chose ». Ceci signifie que toutes choses sont semblables, mais il ne dit pas cela, il dit : « Chaque chose, chaque objet individuel, est dans chaque autre objet individuel. Aussi ce monde de multiplicité n'est pas nié, puisque chaque chose est dans chaque autre ». Ceci est extrêmement significatif. Lorsqu'il dit cela à son ami, l'ami ne put comprendre, mais eut plus tard la même expérience. Ceci est *prajna*, ceci est la sagesse trancendantale, et lorsque l'on parvient à cette intuition, on a le Zen. Le Zen n'est autre que cette connaissance intuitive.

Je dois en dire plus au sujet de cette connaissance intuitive, en vision directe. Par exemple, si l'on touche au feu, on se brûle le doigt. Je n'ai pas besoin de raisonner pour sentir intuitivement que le feu est dangereux. Lorsque les gens parlent d'intuition, cela est en relation avec des objets individuels. Il y a quelqu'un qui a une intuition et quelque chose en face de quoi il l'exerce. Il n'y a rien entre le sujet et l'objet, bien que leur relation soit immédiate au lieu de s'exercer par la médiation d'un agent intermédiaire. On parle beaucoup de ce type d'intuition, mais l'intuition dont parle le Zen est une vision-identification. C'est-à-dire, lorsque je vois la fleur et que la fleur me voit, ce type d'intuition ou d'identification réciproque n'est pas une vision individuelle ; ce n'est pas une intuition individuelle. « Je vois la fleur et la fleur me voit » signifie que la fleur cesse d'être une fleur. Je cesse d'être moi-même.

Au lieu de cela il y a unification. La fleur s'évanouit dans quelque chose de plus élevé qu'une fleur, et je m'évanouis dans quelque chose de plus élevé qu'aucun objet individuel.

Maintenant, lorsque ce passage à un niveau supérieur s'effectue, ceci étant absorbé dans quelque chose de plus élevé que chaque être relatif, cela ne signifie pas seulement être absorbé ; il y a intuition, éveil ; il y a quelque chose qui se reconnaît comme étant soi-même, et non pas annihilation ou simple absorption dans le vide. Cette « annihilation » s'accompagne d'intuition et c'est là le point le plus important. Lorsque cela prend place il y a réellement vision de la fleur. Nous pouvons donc dire que ceci — ma vision de la fleur, et la vision de moi par la fleur — prend place sur un plan plus élevé que celui auquel la fleur est vue comme une fleur individuelle, et où je suis vu comme un être individuel. Lorsqu'il y a absorption de l'individu dans quelque chose de plus élevé ; il y a intuition. C'est le plus important. Ceci est en accord avec l'enseignement originel de Wei Lang. *Prajna* est *Jhana.*

Des éducateurs antérieurs à Eno ont déclaré que lorsque *Jhana* était pratiquée toutes les choses s'évanouissaient que rien ne demeurait. Par ceci, il était signifié qu'aucun objet individuel ne demeurait ; mais il y a quelque chose qui n'est pas un objet individuel ; il y a une perception de quelque chose et cette perception est l'intuition. Cette intuition est *Prajna* ou l'illumination et Eno souligne ce point avec la plus grande force.

De la sorte, ce à quoi mène le Zen peut ne pas être très clair. J'ai ici un livre qui contient toutes les paroles Zen, commençant par celles de Bodhidharma. Il se peut que Bodhidharma soit un individu fictif, mais cela n'a pas d'importance, Eno est historique. Partant de lui jusqu'aux débuts de la Dynastie Song, il y a environ neuf siècles, ce livre contient tous ces propos chinois nommés *Mondo.* L'esprit pivote, c'est-à-dire travaille, opère comme s'il était confronté à dix mille situations. Lorsque je vois cette lampe, je la vois illuminée ; lorsque je touche cette table, elle est dure ; aussi mon esprit s'anime-t-il en conséquence ; lorsque je suis frappé, je le sens. L'esprit se meut de cette manière dans un sens ou un autre selon l'apparition des phénomènes. Ce mouvement de l'esprit est extrêmement subtil, obscur et mystérieux.

Lorsque je tape sur la table, je le sens, mais qui donc opère cette sensation ? Qu'est-ce qui opère cette sensation ? Lorsque vous essayez de saisir cette personne, ou esprit, ou âme ou conscience, et de le, ou la, voir, vous ne le pouvez. Il y a quelque chose que vous aimeriez sortir de vous mais vous ne le pouvez ; l'âme ou l'esprit bouge sans cesse et ce mouvement est subtil. Lorsque cela opère de façon aussi subtile, lorsque ceci se passe, vous pouvez vous saisir de ce quelque chose d'insaisissable. Alors vous l'avez. Lorsque vous tenez ceci, alors il y a réellement sagesse ou *Prajna.* Lorsque vous détenez cette *Prajna,* vous devenez entièrement libre de tout souci, de toute affliction, et de toute autre chose.

Maintenant, lorsque je parle d'être libéré des désirs, tensions, peurs, etc. vous pensez peut-être que la compréhension du Zen vous transformera en un morceau de bois, insensible, indifférent, mais je ne dis pas cela. Lorsque je tape sur la table, il y a douleur dans la mesure où je le veux. Vous direz peut-être, « c'est insensé, il n'en est pas ainsi ». Tout est empreint de sensibilité, d'esprit, de cœur. Aussi lorsque le Bouddha parle de se libérer des désirs et des afflictions, ceci ne signifie pas devenir semblable à un morceau de bois ; cela signifie faire d'un morceau de bois un être sensible. Dans un monastère Zen chinois, il y a un morceau de bois que l'on frappe avec un maillet et il est très sensible. Un moine le frappa et le maître dit « J'ai mal ». Cela n'est pas exagéré, il en est réellement ainsi. Lorsqu'ils voient un ver sur le sol, les Bouddhistes essaient d'éviter de marcher dessus. Vous direz peut-être que vous ne pourrez plus faire un pas parce que quelque chose sera écrasé et tué. C'est vrai, vous ne pouvez bouger si vous considérez cette pratique sous son aspect relatif. Mais, en fait, lorsque vous exercez cette compréhension intuitive des choses, vous êtes comme Saint François d'Assise lorsqu'il parlait de « Notre Frère le Soleil », de « Sœur Lune » et de nos amis les loups et les oiseaux ; il fraternisait avec chaque chose. Il ressentait les choses de la même manière, aussi n'existe-t-il aucune différence entre l'expérience chrétienne et bouddhiste de la réalité ultime.

Lorsque les gens Zen parlent de ne rien ressentir, ils ne se placent pas au plan relatif, mais du point de vue égoïste. N'éprouver ni souffrance ni désir ne signifie pas devenir des cendres froides ; cela signifie ne rien ressentir qui soit en relation avec des idées égoïstes. Aussi longtemps que nous demeurons des individus, nous ne pouvons qu'être égoïstes à quelque degré, mais cet égoïsme n'est pas séparé de ce qui transcende l'ego. Lorsque l'ego demeure comme ego et ne s'étend pas à quelque chose de plus élevé, c'est l'ego relatif. Mais lorsque l'ego se trouve enveloppé, une composante de quelque chose qui est beaucoup plus large et profond, alors ce n'est plus seulement l'ego relatif. Lorsque ce type d'ego est réalisé, l'illumination prend place. Le Bouddhisme Zen essaie de nous faire atteindre ce but.

La plupart des chrétiens pensent que le Christ est historiquement né en un certain lieu et temps mais, selon Maître Eckhart, le grand philosophe allemand du XIIIe siècle, le Christ naît en chacun d'entre nous. Lorsqu'il en est ainsi, l'ego relatif meurt à lui-même, et cet ego relatif devient vide. Lorsque l'expérience de l'unicité, de l'identification ressentie comme telle, prend place dans notre âme, c'est alors que le Christ y prend naissance. Aussi chaque particule souillée de ce que nous nommons nous-mêmes devrait-elle être purifiée et l'ego devrait-il devenir réellement vide.

Ceci est très différent de la manière chrétienne ordinaire de comprendre la naissance du Christ, et maître Eckhart n'avait aucune connaissance du Bouddhisme, de même que les Bouddhistes ne le connaissaient pas, pourtant leurs enseignements coïncident parfaitement. Lorsque je lis Maître

Eckhart, j'ai l'impression de lire un texte bouddhiste transposé dans une terminologie différente ; mais, pour autant qu'il s'agisse de la compréhension intérieure, les deux discours sont identiques. Cette compréhension correspond à l'intuition. La préhension consiste simplement à saisir, et le toucher est, je le suppose, le sens le plus primitif, mais c'est là que s'opère le plus évident phénomène d'identification ; aussi la préhension, la saisie au moyen de la main, est-elle nécessaire. La vision est le sens le plus intellectuel, suivie de près par l'audition, mais il existe une grande distance entre ces deux sens et leur objet, tandis que le toucher opère une identification immédiate. Nous devons expérimenter cela. Il en est de même avec l'intuition, pas seulement l'intuition relative, mais l'intuition collective ou totale. Lorsque ceci prend place il y a compréhension réelle de la réalité et survient l'expérience de l'illumination. Ceci est ce qui constitue l'enseignement du Zen tel que, le premier, l'enseigna Eno, Hui-Neng ou Wei Lang, au VIIe siècle.

L'ESPRIT DU ZEN *

Le regretté Dr D.T. Suzuki fit sa première visite à la Société Bouddhiste le 20 juillet 1936. Avant d'arriver en Angleterre pour la Réunion du Congrès Mondial des religions [1], il nous envoya un article qui parut dans le numéro de janvier-février de la revue *Buddhism in England* [2] appelée plus tard *The Middle Way* [3]. Lorsqu'il rendit visite à la Loge Bouddhiste, comme on la nommait alors, le 20 juillet, à notre maison du 37 South Eaton Place, il trouva « une maison pleine », qui comptait nombre d'hôtes éminents, parmi lesquels le Dr G.P. Malalasekara, Mlle Constant Lounsbury, fondatrice des Amis du Bouddhisme à Paris, le Comte Wechtmeisser, qui avait composé un Opéra bouddhiste, et M. T.K. Chu, qui avait traduit notre version du *Tao Te King*, la première à avoir été traduite en anglais par un Chinois.

---

1. *World Congress of Faiths* (N.d.T.).
2. Le Bouddhisme en Angleterre (N.d.T.).
3. La Voie du Milieu (N.d.T.).

* Extrait du *Buddhism in England* (1936).

Après avoir présenté le Dr Suzuki, je lui demandai de « nous aider à comprendre quelque chose à l'esprit du Zen ». L'article qui suit est une transcription complète des notes manuscrites prises par un membre présent. (N.d.T.)

Étant donné que nous sommes investis du pouvoir de la parole et de celui de nous comprendre les uns les autres par le moyen de ce pouvoir, je vais en appeler au pouvoir des mots. Mais les mots sont des intermédiaires intraitables. Si nous devenons maîtres de la parole tout va bien, mais quelquefois, nous sommes trop volontiers esclaves des mots, et lorsque les mots nous réduisent en esclavage, nous devenons complètement fous. Le Bouddhisme Zen essaie de maîtriser les mots, mais les moyens qu'il utilise pour nous aider sont étranges, encore qu'ils ne soient pas tellement étranges à ceux qui en ont l'habitude. Mais aux autres gens, ils semblent extraordinaires.

Comment le Zen en est-il venu à utiliser des méthodes aussi extraordinaires dans son enseignement ? Lorsque nous posons cette question, nous devons retracer l'histoire de l'intellect humain, et lorsque nous l'avons retracée en remontant à la source authentique, nous comprenons que les méthodes du Zen sont quelque chose d'inévitable dans le développement de notre vie spirituelle. Comme je ne puis vous livrer ici toute l'histoire du Zen, vous devez vous satisfaire d'une très brève description de son développement en Chine et au Japon. L'esprit indien était doté d'une très riche faculté imaginative, et d'une merveilleuse capacité spéculative. La métaphysique indienne est la plus profonde du monde, et sa langue est incomparable. Toutes les nations du monde doivent s'incliner devant les Indiens à cet égard. Pour eux la religion était philosophie, et la philosophie, religion, car toute religion indienne est pourvue d'un arrière-plan philosophique. L'intellect devrait toujours être pourvu, en arrière-plan, d'un certain type de compréhension plus profonde que nous pouvons nommer foi. L'intuition est l'affirmation d'une certaine croyance fondamentale sur laquelle, avec laquelle, et par laquelle nous nous tenons, et menons notre vie. Ceci doit être associé avec l'intellect, et lorsque c'est associé, cela devient une certaine philosophie. Telle est la raison pour laquelle, en Inde, la religion est toujours associée à la philosophie.

Dans le Christianisme, la théologie est distincte de la foi, mais la foi laissée à elle-même risque de dériver. Elle devient superficielle et superstitieuse, et tombe finalement dans la bigoterie. La foi représente la face émotionnelle de la vie humaine, tandis que la philosophie en est la face intellectuelle. La foi et la philosophie doivent toujours aller de pair, car lorsqu'elles sont séparées le résultat est boiteux. En Inde, cette philosophie allait, comme nous l'avons dit, son chemin, mais il lui manquait quelque chose qu'apporte l'esprit chinois, quelque chose que nous pouvons nommer conscience de la vie pratique, de la vie elle-même. En Chine, la morale devint le fondement de la société, et les Chinois sont portés aux choses pratiques C'est là que réside la vraie grandeur des Chinois.

Lorsque la philosophie indienne parvint en Chine sous la forme du Bouddhisme, les Chinois y adhérèrent en partie, mais, en même temps, il y avait quelque chose qui ne les attirait pas du tout, quelque chose contre quoi ils se révoltèrent. « Le Zen, dit un lettré chinois, est la révolte de l'esprit chinois contre le Bouddhisme. Il se développe à partir du Bouddhisme et en fait il n'aurait pu se développer à partir d'autre chose. Le Zen a son origine en Inde, mais lorsqu'il vint en Chine cette révolte de l'esprit chinois lui donna une forme quelque peu différente. »

La forme Zen du Bouddhisme est profondément empreinte d'esprit pratique. Car, alors même qu'il existait une logique et une métaphysique dans l'Ancienne Chine, elle ne fut jamais très développée. Les Chinois ont une façon très subtile de raisonner, mais nous trouvons peu de cela dans la période la plus somptueuse de la culture chinoise — la Dynastie T'ang, il y a environ douze siècles. Certes, la Chine a produit de grands philosophes, mais cette philosophie chinoise fut le résultat de la stimulation de l'esprit chinois par la philosophie bouddhiste. En même temps que la Chine se révoltait contre le Bouddhisme, elle absorbait la philosophie bouddhiste, l'assimilait à son propre corps, en faisait son propre sang. Le résultat de cette assimilation fut le Zen — et le travail d'assimilation fut complété sous la Dynastie Song, qui suivit les T'ang.

La Dynastie T'ang représente le sommet de la culture chinoise. Sous les T'ang, l'esprit chinois se déploya dans toute son ampleur, et tout ce qui est associé à cette dynastie représente la fine fleur de l'esprit chinois — en art, en littérature, en poésie, en religion. Le Zen est un aspect de cet âge d'or.

Dans les premiers temps du Bouddhisme en Chine, les moines vivaient en monastères et se consacraient entièrement à la pratique de *Dhyana*. Ils ne mangeaient pas après midi, mais le climat étant plus froid, cette pratique dut être modifiée. Ils considéraient qu'il était contraire à l'esprit de l'enseignement du Bouddha de refuser de s'adapter aux conditions climatiques par respect d'un formalisme aveugle, et des règles conçues pour des gens vivant dans un climat tropical. Si nous devions suivre des règles humaines seulement applicables en Inde, le résultat serait comique ; les choses doivent être ajustées en fonction des circonstances.

Aussi, tandis que certains monastères adhéraient aux règles et aux coutumes indiennes, les moines qui désiraient un Bouddhisme plus en accord avec le cœur des Chinois créèrent leurs propres monastères. Ceux-ci devinrent les monastères Zen. Ils entreprirent de se livrer à toutes sortes de travaux manuels. Ils cultivèrent le riz et des légumes et coupèrent du bois pour produire de l'énergie. Encore maintenant au Japon ils suivent cet usage, et l'on voit les moines se livrer à toutes sortes de travaux habituellement réservés aux laïcs.

Mais l'enseignement est assuré tandis qu'ils se livrent au travail manuel — pas nécessairement, cependant, au moyen de sermons ou de conférences sur des sujets abstrus. L'enseignement Zen est communiqué en relation étroite avec notre vie quotidienne. Lorsque nous marchons dans les champs, les enseignements Zen doivent être démontrés et compris — pas en dehors du travail, mais avec le travail et dans le travail. Un jour, un moine vint voir un maître et lui dit : « Cela fait de nombreuses années que je suis sous votre autorité, et ma venue correspondait expressément à un désir d'étudier le Bouddhisme. Mais, jusqu'à maintenant, vous ne m'avez prodigué aucun enseignement bouddhiste. Si cela continue, je devrai vous quitter à mon grand regret. » Le maître répondit : « Le matin quand tu viens et me salues en me disant « Bonjour ! », je te salue à mon tour en te disant, « Bonjour ! Comment vas-tu ? » Lorsque tu m'apportes un bol de thé, je le bois avec gratitude. Lorsque tu me rends quelque autre service, je t'en suis reconnaissant. Quels autres enseignements souhaites-tu recevoir de moi ? »

Il n'y a pas d'enseignement spécial : les choses les plus ordinaires dans notre vie quotidienne recèlent quelque signification profonde qui est pourtant tout à fait patente et explicite : Vos yeux ont seulement besoin de voir où se trouve du sens. Si cet œil ne s'ouvre pas, il n'y aura rien à apprendre du Zen. Un autre maître dit : « Dans le Zen, il n'y a rien de spécial en dehors de votre pensée quotidienne (*shin* — esprit, conscience). » Lorsque nous donnons quelque chose, quelqu'un la reçoit et en est reconnaissant. Chacun est appelé à agir de façon bénéfique, à en recevoir de la reconnaissance, et, lorsque cela est fait, à oublier tout cela. C'est ainsi que nous allons en ce monde ! Là est le Zen !

Si vous en dites quoi que ce soit — philosophique, éthique, ou quelque autre chose — vous n'êtes pas un homme ou une femme Zen. En fait, lorsque nous continuons à agir comme nous le faisons dans notre vie quotidienne, il y a plénitude de Zen en cela. Mais il faut un œil — un troisième œil. Nous avons deux yeux pour voir deux aspects des choses, mais il faut un troisième œil qui verra tout en même temps et pourtant ne voit rien. Ceci est comprendre le Zen. Nos deux yeux voient de façon dualiste, et le dualisme est à la base de tous les troubles que nous traversons. Cela ne signifie pas que le dualisme doit être aboli, mais seulement qu'il faut un troisième œil. L'important est que nous devons conserver nos deux yeux, mais qu'en même temps il en faut un troisième. Lorsque je parle selon la manière ordinaire de parler, je dois dire qu'il faut un troisième œil, mais en fait ce troisième œil est *au-dehors* des deux yeux que nous détenons déjà. Mais, en outre, le troisième œil n'est ni entre ni au-dessus des deux yeux. *Les deux yeux sont le troisième œil.* Je commence à philosopher, et lorsque nous philosophons, nous ne suivons plus le Zen. Aussi bien les gens Zen doivent-ils toujours fermer leur bouche lorsqu'ils sont pressés de questions Mais cela ne signifie pas qu'ils ne peuvent rien dire.

Ce qui n'est ni esprit ni matière n'est ni Bouddha ni rien d'autre. L'Absolu semble être quelque chose qui excède la compréhension humaine. Lorsqu'on s'entretient au sujet de l'Absolu, ce n'est plus l'Absolu. Nous disons que Dieu est partout mais nous aimons à le placer au Ciel. Comment pouvons-nous concevoir que Dieu nous donne des règles ? Si Dieu est immanent, Dieu est nous-mêmes. Mais le Zen ne dit pas que Dieu est transcendant ou immanent. Lorsque nous essayons de comprendre un fait au moyen des mots, ce fait disparaît. Lorsque nous utilisons notre esprit, nous devons comprendre les choses de façon dualiste — de façon transcendante ou de façon immanente. Lorsque j'ai expliqué cela, il n'y a rien de plus à dire. Tout ce qui est nécessaire est l'ouverture du troisième œil. Lorsque nous avons un troisième œil, il n'annihile pas les deux yeux. Aussi le monde dualiste n'est-il pas du tout annihilé.

Permettez-moi de vous raconter une histoire Zen à ce sujet. C'est une espèce de plaisanterie. Yejaku appela Yenen et lui demanda, « Quel est ton nom ? » Yenen répondit « Yejaku ». Yejaku dit « Mais c'est mon nom ». Alors Yenen dit « Mon nom est Yenen ». Sur ce Yejaku rit de bon cœur. Vous êtes moi et je suis vous ; dans l'un il y a le multiple, et dans le multiple il y a l'un. Le Dieu transcendant et immanent existe en même temps. Lorsqu'ils existent en même temps vous ne pouvez rien dire d'eux (c'est-à-dire affirmer ou nier l'un ou l'autre) — la seule chose est le rire.

Vous êtes vous et je suis moi, mais en même temps vous n'êtes pas moi et je ne suis pas vous. Cette particularisation ne peut être analysée. Aussi, lorsque les choses vous sont présentées, vous les acceptez simplement et dites merci, mais n'en parlez pas. Telle est l'attitude Zen. Le Zen essaie de vous faire accepter les choses, et lorsque vous les avez acceptées vous riez de bon cœur.

LA TRIPLE QUESTION DU ZEN *

A la question « Qu'est-ce que le Zen ? », il est à la fois facile et difficile de répondre. C'est facile parce qu'il n'y a rien qui ne soit Zen. Je lève mon doigt ainsi, et il y a le Zen. Je m'asseois en silence toute la journée sans dire un mot et là aussi il y a le Zen. Tout ce que vous faites ou dites est Zen, et tout ce que vous ne faites ni ne dites est Zen. Vous voyez les fleurs écloses dans le jardin, vous entendez les oiseaux chanter dans le bois, et vous avez là le Zen. Aucun mot n'est nécessaire pour expliquer le Zen, car vous l'avez déjà avant que les mots ne soient prononcés. La question est posée simplement parce que vous ne saviez pas que vous aviez le Zen en vous, avec vous et autour de vous ; aussi est-il facile d'y répondre.

D'un autre point de vue, le fait même qu'il soit facile de répondre fait qu'il est très difficile de donner une réponse satisfaisante à la question « Qu'est-ce que le Zen ? » Car lorsque vous avez quelque chose, que vous l'avez tout le temps, et que pourtant vous ne le connaissez pas, il est dur de vous

* Extrait de *Middle Way* (octobre 1948).

convaincre de ce fait. Avoir une chose et pourtant ne pas le savoir revient à ne pas l'avoir depuis le début. Lorsqu'il n'y a pas d'expérience, il n'y a pas d'expérience de première main. Tout ce que vous savez est au sujet de cela et non cela même. Pour vous faire réaliser que vous avez la chose même que vous cherchez, il sera nécessaire de détacher cette chose de vous de telle sorte que vous puissiez l'avoir devant vos yeux et même la saisir avec vos mains. Mais c'est là le plus difficile, car la chose qui est toujours avec vous ne peut en aucune manière vous être arrachée en vue d'être inspectée.

C'est comme le fait que nous ne voyons pas nos propres yeux. Il nous faut un miroir pour cela. Mais ceci n'est pas vraiment voir l'œil tel qu'il est, tel qu'il fonctionne. Ce que l'œil voit dans le miroir est sa réflexion, et non lui-même. Selon Maître Eckhart « L'œil avec lequel je vois Dieu est le même que celui avec lequel Dieu me voit ». Dans ce cas, nous devons obtenir de Dieu qu'il nous voie. C'est là que réside la difficulté. Comment obtenir quelque chose de Dieu ?

Mais je pense que nous pouvons nous avancer à dire que le Zen est une sorte de conscience de soi. Je vois une table devant moi. Je sais que je suis celui qui la voit, et je suis pleinement conscient de faire l'expérience de cet événement. Mais le Zen n'est pas encore ici, quelque chose de plus doit y être ajouté, ou doit y être découvert, pour que cet événement de la vision devienne réellement Zen. La question est maintenant : quel est ce quelque chose ? Cela n'a rien à voir avec l'introspection ni avec la réflexion, mais avec une sorte de supersoi caché derrière le soi moral et psychologique. J'appelle cette découverte la conscience de soi spirituelle. Aucune somme d'explications ne vous amènera à cette forme de conscience de soi. Elle se déploie elle-même des profondeurs de la conscience. Ce n'est pas en frappant à la porte de l'extérieur qu'elle s'ouvrira — la porte s'ouvrira d'elle-même de l'intérieur.

En dépit de ce fait, il faut bien frapper à la porte de l'extérieur, bien que ceci puisse n'être en aucune manière la cause directe et effective de l'ouverture. Pourtant, de quelque façon, cela doit être effectué, car sans cela il n'y aura pas d'ouverture. Peut-être la porte reste-t-elle tout le temps grande ouverte, en signe d'accueil, et hésitons nous en face de l'entrée ; il faut que quelqu'un nous pousse à en franchir le seuil. L'entrée peut n'être pas due à cette poussée, mais lorsqu'on voit quelqu'un planté en face d'une porte, on a envie de le pousser à entrer. Je propose de vous rendre ce genre de service, et j'espère que vous ferez de votre mieux pour franchir le seuil, c'est-à-dire pour comprendre ce que je vais vous présenter comme la quiddité du Zen de la façon la plus simple et la plus directe que je puisse.

Oryo Yenan (Huang-lung-nan), un grand maître Zen de la Dynastie Song, était soucieux de faire voir à ses disciples le secret qui réside au cœur du Zen, et leur proposa cette triple question :

1) Chacun possède un lieu de naissance : quel est le vôtre ?

2) Comment se fait-il que mes mains ressemblent à celles du Bouddha ?

3) Comment se fait-il que mes jambes ressemblent à celles d'un âne ?

Peut-être ces questions, excepté la première, sont-elles triviales ; peut-être même les deux dernières tiennent-elles du non-sens. Qu'est-ce que le Zen a à faire avec mes mains et mes jambes ? En quoi cela importe-t-il que mes extrémités ressemblent à celles du Bouddha ou même à celles d'un âne ? Mais on ne peut mettre en doute le sérieux ni le souci du maître concernant ses élèves. Que signifient ces devinettes ? Lorsque vous les comprenez, vous comprenez le Zen.

La première est banale si vous répondez « Je viens de Tokyo, ou de Londres ». Mais si vous dites « Je viens de Dieu » ou « Je ne sais ni d'où je viens ni où je vais ». Cette question prend un aspect philosophico-religieux. Bien que le maître ait pu la poser de façon profane, elle acquiert à coup sûr une profonde signification selon le point de vue mental avec lequel vous l'approchez.

L'un des disciples répondit : « J'ai eu un peu de riz au petit déjeuner et maintenant j'ai faim. » Le maître hocha la tête en signe d'approbation. Quelle relation entretient cette déclaration avec la question « Quel est votre lieu de naissance ? » En quoi la physiologie de ce disciple a-t-elle quelque chose à voir avec la philosophie du Zen impliquée par l'interrogation du maître ?

Selon un autre point de vue, on peut dire que le disciple est aussi sérieux que le maître lorsqu'il décrit sa condition physique, car, quel que puisse être le degré d'élévation idéaliste d'un homme, il ne peut échapper à sa condition physique et physiologique, à laquelle l'esprit est si intimement lié. L'esprit, s'il doit le moins du monde fonctionner, doit s'approvisionner d'une manière ou d'une autre, tandis que la matière n'est pas la pensée, que la pensée n'est pas la matière, et qu'ils ne peuvent être conçus comme identiques ; l'un est toujours associé à l'autre de manière tellement inévitable que nous ne pouvons les englober tous deux simultanément dans notre expérience réelle. L'état de l'estomac affecte décidément l'esprit. Le disciple se référait-il à ce fait ?

De quelque région inconnue qu'un homme puisse être venu en ce monde, l'événement le plus certain est qu'il est ici, et qu'il a faim en ce moment. Par conséquent, nous pouvons dire que cette expérience est l'unique réalité ; en dehors de ce présent absolu, il n'y a ni provenance ni destination. En fait, tout le passé et l'avenir sont parfaitement immergés dans l'instant présent, qui peut être décrit en termes humains comme affamé, assoiffé ou douloureux. Le disciple a-t-il envisagé la question du maître de ce point de vue, et le maître a-t-il approuvé le disciple dans une perspective identique ?

Ceci est-il destiné à expliquer ce qu'est le Zen ? Une telle compréhension du présent sous son aspect absolu constitue-t-elle le Zen ? Dans mes lectures récentes, je suis tombé sur la formule « le point immobile de la rotation du monde », en référence à la qualité transcendantale de l'instant présent. Le Zen se tient-il à ce point immobile où convergent le passé et l'avenir ? Un philosophe antique parle de « moteur immobile ». La conscience d'être affamé qu'a l'étudiant du Zen est-elle ce « moteur immobile » ?

Toute chose en ce monde est sujette au changement, il n'y a rien ici qui soit immuable, permanent, et qui conserve un soi identique tout au long de sa carrière terrestre. C'est ce qu'ont révélé le Bouddha et d'autres penseurs, et ce que nous nommons l'expérience. Pourtant, nous aspirons tous à des choses immortelles, immuables, et immobiles. Où trouvons-nous cette idée d'immuabilité ou de quiétude éternelle si tout ce que nous voyons autour de nous ne cesse de changer ? Comment résoudre cette contradiction, entre permanence et mutation, éternité et instantanéité, immortalité et mort à tout moment ? Il doit y avoir une issue.

L'une des façons bouddhistes de penser cela est la suivante : là où nous faisons l'expérience de l'impermanence du monde, nous expérimentons simultanément « un moment unique et infini », c'est-à-dire, nous sommes capables d'être conscients d'un monde de mutations parce que ces mutations sont ce qui, véritablement, n'est jamais soumis au changement. Pour cette raison, notre conscience du changement et de l'impermanence, et une conscience inconsciente de l'éternité, de l'immuabilité, s'interpénètrent profondément. Cette interpénétration de la conscience et de l'inconscience, ou, en termes bouddhistes, du Multiple et de l'Un, de la Forme (*rupam*) et du Vide (*sunyata*), de la Distinction (ou Discrimination) et de l'Indistinction (ou Non-discrimination) est, pouvons-nous dire, la philosophie du Zen.

S'il en est ainsi, pouvons-nous demander, comment se fait-il qu'aucun d'entre nous ne comprenne le Zen, même lorsque nous avons faim et que nous en sommes conscients ? La réponse est que ma conscience d'être affamé ne constitue pas le Zen ; la conscience physiologique ou psychologique doit s'accompagner d'une autre forme de conscience, qui est une sorte d'inconscience, mais pas dans le sens ordinaire du terme. Pour cette conscience inconsciente nous ne disposons d'aucun terme adéquat, logique ou métaphysique, car les termes utilisés dans les différents champs de la compréhension humaine ressortissent de l'ordre de la relativité, et lorsqu'ils sont appliqués à l'expérience spécifiquement Zen, le Zen est susceptible de faire l'objet de grossiers malentendus. C'est pour cela que la littérature Zen regorge de non-sens apparents, ainsi que d'expressions paradoxales et contradictoires.

Kokyu Shoryu (Nu-chin Shao-lung) fut un grand maître Zen de la dynastie Song. Alors qu'il était encore en apprentissage, il entra dans la chambre du maître et le maître dit :

> Lorsque vous dites que vous le voyez,
> Cette vision n'est pas la (véritable) vision.
> La (véritable) vision n'est pas vision,
> La vision ne peut jamais s'atteindre.
> Cela dit, le maître leva le poing et demanda :
> « Vois-tu ? »
> Le disciple répondit : « Je vois »,
> « Tu mets une autre tête sur la tienne », dit le maître.

A ces mots, le disciple devint conscient d'un éveil intérieur.
Le maître observa cela et dit : « Que vois-tu ? »
Le disciple ne dit pas cette fois-ci : « Je vois », mais cita l'expression poétique : « Même lorsque les bambous poussent dru, ils n'obstruent pas le cours du torrent ».

Permettez-moi de vous demander : de quoi le maître et le disciple ont-ils parlé ensemble ? Evidemment, on peut dire, à la manière Zen, que voir n'est pas voir, qu'être conscient n'est pas être conscient ; lorsque vous dites que vous l'avez, vous le manquez. Mais l'inverse ne tient pas, car ne pas voir n'est pas du tout voir. Il doit y avoir réellement vision au plan physique, et, par-dessus et à travers cette vision, il doit y avoir une autre sorte de vision, qui fait de la vision ordinaire une véritable vision — ce qui est voir dans le sens Zen.

Permettez-moi de remarquer, « en passant[1] », que ce qui distingue la façon Zen de voir ou de comprendre l'expérience de celle de la philosophie indienne est que, généralement, le Zen en parle plus en termes de temps qu'en termes d'espace. Certes, le Zen s'est développé à partir de la pensée indienne et lui reste profondément attaché, mais l'esprit chinois y a apporté quelque chose de spécifique, et le résultat est le Zen.

Un penseur moderne, le Dr Radhakrishnan, écrit dans le *Hibbert Journal* (juillet 1946) :

1. En français dans le texte (N.d.T.).

« Toute la hiérarchie de l'être existant est dépendance de la réalité primordiale, qui lui est donc à la fois transcendante et immanente. Elle est inconscience du soi et constitutive de ce qui est autre que le soi. C'est le « moteur immobile », le principe immanent ou mouvant et en même temps le non mouvant puisque dépourvu de tout mouvement. Lorsque nous considérons le Suprême comme le Seigneur immanent, il devient le Créateur Divin. Lorsque l'Esprit Suprême s'objective ainsi, la liberté essentielle et inconditionnelle de l'esprit s'implique dans des conditions et des limitations qui contredisent sa liberté. »

Ceci dit, lorsque nous nous référons au « Suprême » ou au « Créateur Divin », cela est de nature à nous faire exercer notre pensée en termes d'extension spatiale. Bien sûr, c'est une illusion, et Radhakrishnan s'efforce de ne pas nous faire chuter dans ce piège intellectuel, car il dit que « le soi intérieur » est au-delà de l'atteinte de la pensée discursive et de la possibilité de l'interprétation conceptuelle. En dépit de cet avertissement sa terminologie a une valeur spatiale, le Zen évite toute argumentation ; il lève simplement un doigt et demande : « Voyez-vous ? » Lorsqu'on dit : « oui », le Zen déclare : « Ne mettez pas une autre tête sur celle que vous avez déjà ». Lorsque le maître demande d'où provient l'être, il s'approche dangereusement du champ de bataille du raisonnement absolu. Mais le disciple savait comment éviter de s'abîmer dans le feu de l'enfer, et il déclare : « J'ai mangé du gruau de riz au début de la matinée et maintenant j'ai faim ».

Il ne dit pas : « Je suis une manifestation, quelqu'imparfaite qu'elle soit, de l'esprit absolu qui surpasse toutes les distinctions ». Il ne dit pas non plus : « Je suis un avec le Suprême, le fils de Dieu, le seul fils engendré par Dieu ». Si toute religion est censée nous libérer de l'ignorance et de la corruption, on doit considérer que le Zen pointe la voie la plus directe de l'émancipation.

Nous en arrivons maintenant aux deuxième et troisième questions posées par le maître Zen au début de cet article : « Pourquoi mes mains ressemblent-elles à celles du Bouddha, et mes jambes à celles d'un âne ? » Ces deux questions sont pratiquement la même. A la seconde le disciple répondit : « Sous la lune, j'entends quelqu'un qui joue du luth », et à la troisième : « Un crâne blanc affleure dans la neige, on en distingue difficilement la couleur ».

Si on les juge superficiellement ou intellectuellement, ces déclarations n'entretiennent aucune relation interne ou logique avec les questions.

Lorsqu'il est demandé pourquoi mes mains ressemblent à celles du Bouddha, ou pourquoi mes jambes ressemblent à celles d'un âne, on pourrait s'attendre à quelque analyse biologique, métaphysique, ou même spirituelle. La réponse du disciple ne s'accorde pas avec notre mode de pensée quotidien; il n'y a apparemment rien là qui soit de nature à satisfaire notre curiosité intellectuelle. En fait, nous suspectons quelque préciosité décadente dans ces allusions poétiques au luth qui résonne sous la lune, et au crâne qui affleure dans la neige, transformant le Zen en une sorte de rhétorique alambiquée. Mais, pour ceux qui comprennent ce qui est véritablement indiqué ici, tout cela est très significatif, et aucune équivoque n'est possible.

Les questions relatives à la ressemblance entre mes mains et celles du Bouddha, et mes jambes à celles d'un âne, ont de profondes implications métaphysiques. Le questionneur ne pose pas seulement la question d'une ressemblance sous quelque forme extérieure. Il veut que vous exerciez une vision pénétrante, spirituelle, de l'ainséité de l'être. L'idée principale que le questionneur a en tête est de nous faire regarder dans notre propre moi et percevoir « le point immobile du monde mouvant », ou saisir le mouvement du moteur immobile.

Lorsque la deuxième question est comprise, la troisième se résout, aussi vais-je limiter mes commentaires à la question des mains. Lorsque l'homme apprit à libérer ses mains de la charge du corps et commença à marcher sur le sol avec seulement une paire de jambes, il réalisa un progrès décisif dans l'histoire de l'évolution intellectuelle. La liberté d'utiliser nos mains signifie la possibilité de modifier notre environnement. L'homme peut maintenant réaliser ses aspirations dans le monde objectif. Ses mains ou ses bras sont les outils grâce auxquels il peut accomplir ces hauts faits. Avant de pouvoir balancer librement ses bras et saisir les choses avec ses mains pour les examiner de plus près, il était esclave de son environnement. Il devait utiliser au mieux ses pattes de devant, ainsi que ses facultés de locomotion. Il n'était guère plus qu'un automate, sans moyen de s'exprimer. Maintenant qu'il dispose d'une paire de mains dotées de doigts flexibles, il peut rassembler un bouquet de fleurs et l'offrir au Bouddha ; il peut saisir un luth et donner cours à son émotion au clair de lune ; il peut excaver un énorme rocher et le sculpter en une forme de beauté. En devenant un acteur et créateur indépendant, n'a-t-il pas engendré une conscience absolument unique, qui est, toutefois, du même ordre que celle détenue par le Créateur de l'Univers ? Cette conscience, ou cette conscience inconsciente, ne peut être simple conscience de la vitalité, pur sentiment de joie, ou quelque chose de lié à l'animalité. Car « agir » dans le sens humain et « créer » un nouveau monde comme *homo faber* a quelque chose en commun avec le travail de l'esprit divin lorsqu'il commanda « Que la lumière soit ».

Certaines personnes peuvent faire la remarque qu'il n'y a aucune comparaison possible entre le travail divin et l'action humaine, et qu'il est hautement sacrilège ne serait-ce que de penser à une telle comparaison. Mais cette objection oublie le fait, ou plutôt la vérité, que l'homme a été créé à l'image de Dieu et que cette image est on ne peut plus éloignée de l'extériorité, de la mondanité, ou de la matérialité. Pour que le terme d'image divine soit fondé, on doit se situer au plan essentiel, spirituel. Dieu ne peut être pensé comme pourvu de mains, de bras et de jambes. Dieu n'a pas modelé cet univers contenant toutes sortes d'êtres avec des mains ni des doigts corporels ; il a créé toutes les choses à partir de « rien », du « vide », selon la formule bouddhiste, réfléchissant le « rien » originel à partir duquel on dit que Dieu a créé le monde. Cependant, il se peut que je prenne maintenant un luth et en pince les cordes de façon que vous en entendiez sourdre une mélodie. Cette écoute sensorielle est-elle alors tout ce que contient notre conscience humano-divine ? S'il en est ainsi, l'homme comme image de Dieu ne peut rien signifier. Où se distingue-t-il de la pure animalité ? Ne peut-il y avoir quelque chose de plus ici, où nos esprits sont accordés à la conscience divine, une sorte de superconscience transcendant notre conscience sensorielle ordinaire, limitée, qui fonctionne au plan psychologique ? N'est-ce pas une superconscience, ce que les bouddhistes désignent fréquemment comme « non-esprit », « non-pensée », ou « conscience inconsciente » ? Et n'est-ce pas ceci qui constitue l'esprit humano-divin ?

La superconscience que possède chaque être humain pour autant qu'il est créé à l'image de Dieu, n'est pas séparable de la conscience sensorielle relative qui accomplit la plupart des fonctions utiles dans ce monde phénoménal. La superconscience doit être en profonde et parfaite interpénétration avec la conscience d'usage quotidien ; sinon, la superconscience ne peut rien signifier pour nous.

Elle est donc tellement en osmose avec notre conscience psychologique que nous sommes terriblement inconscients de sa présence. Il faut un certain entraînement pour s'y éveiller, et c'est le Zen qui a souligné ce point, pour la première fois dans l'histoire mondiale de l'évolution mentale. En un mot, c'est le Zen qui est devenu conscient de la vérité de l'interconnexion de la superconscience avec les faits et gestes les plus triviaux de notre vie quotidienne. Les gens conçoivent généralement les choses spirituelles comme au-delà de notre expérience quotidienne, prosaïque. Mais la vérité la plus claire est que tout ce que nous expérimentons est saturé, osmosé, interpénétré de signification spirituelle. Aussi bien, lorsque je saisis le luth, lorsque je me tiens dans la neige, lorsque j'ai faim ou soif après une dure journée de travail, tout cela est-il débordant de superconscience, de conscience inconsciente.

En conclusion, et ce n'est pas vraiment une conclusion, je voudrais citer trois poèmes chinois qui se proposent d'interpréter la signification de la triple question qui fit l'objet de cet article. Ils furent composés par l'un des disciples de Oryo Yenan, l'auteur de la question :

Le vieux maître Oryo
A l'histoire du « lieu de naissance » ;
Je le connais très bien.
Je vais le présenter aujourd'hui,
Je vais vous le présenter :
Le chat sait comment attraper le vieux rat.

Le marchand persan arrive en Chine des mers du Sud,
Où qu'il rencontre d'exceptionnels trésors, il les évaluera ;
Parfois il paie bien, parfois il les obtient à bon prix ;

En commerçant ainsi, il observe les ombres du soir s'allonger tandis que le soleil rejoint les collines de l'Ouest.

Les jours d'été nous utilisons l'éventail.
Lorsque vient l'hiver nous amassons le charbon dans le foyer pour faire du feu ;
Lorsque vous connaissez la signification de tout ceci, votre ignorance accumulée durant d'innombrables *kalpas* s'évanouit.

ASPECTS DE LA CULTURE JAPONAISE *

I

Lorsque nous observons le développement de la culture japonaise, nous nous apercevons que le bouddhisme Zen y a apporté d'importantes contributions. Les autres écoles du Bouddhisme ont limité leur sphère d'influence presque uniquement à la vie spirituelle du peuple japonais ; mais le Zen est allé au-delà. Le Zen a pénétré chaque phase de la vie culturelle de ce peuple.

En Chine ce n'était pas nécessairement le cas. Le Zen s'est très largement marié avec des croyances et des pratiques taoïstes, et avec les enseignements de l'éthique confucéenne, mais il n'a pas affecté la vie culturelle de la population au même degré qu'il l'a fait au Japon (faut-il attribuer aux caractéristiques ethno-psychologiques du peuple japonais le fait

---

* Extraits de l'*Evergreen of Eastern Art* n° 27 (1943).

qu'il ait adopté le Zen si intensément et profondément que celui-ci a intimement pénétré dans sa vie ?) En Chine, toutefois, je ne dois pas omettre de mentionner le fait notable que le Zen a donné une impulsion considérable au développement de la philosophie chinoise sous la Dynastie Song, et a également provoqué la floraison d'une certaine école picturale. Un grand nombre de productions de cette école sont parvenues au Japon durant l'ère Kamakura au XIIIe siècle, lorsque les moines Zen se livraient à un va-et-vient incessant entre les deux contrées voisines. Les peintures des Song du Sud trouvèrent ainsi d'ardents admirateurs sur le versant japonais de la mer de Chine, et sont maintenant des trésors nationaux au Japon, tandis que des spécimens de cette période demeurent aujourd'hui introuvables en Chine.

Avant d'aller plus loin, nous devons faire quelques remarques d'ordre général au sujet de l'un des traits particuliers de l'art japonais, qui est intimement lié à la conception Zen du monde, et peut en être déduit.

Parmi les éléments qui caractérisèrent nettement le déploiement du talent artistique japonais, nous pouvons mentionner le style dit « d'un coin », qui prit naissance avec Bayen (Ma Yüan — 1175-1225), l'un des plus grands artistes Song du Sud. Le style « d'un coin » est psychologiquement associé à la tradition du « minimum de traits de pinceau » chez les peintres japonais, qui consiste à effectuer le moins possible de lignes ou de taches en vue de représenter des formes sur la soie ou le papier. Ce style et cette tradition sont tout à fait en accord avec l'esprit du Zen ; un simple bateau de pêcheur au milieu des vagues suffit à éveiller l'esprit de l'observateur au sentiment de l'étendue marine, ainsi qu'à produire en lui une impression de paix et de contentement — le sens Zen de la Solitude. Apparemment le bateau flotte tant bien que mal. C'est une structure primitive dépourvue de mécanisme stabilisateur ou de moyen de fendre hardiment les lames déferlantes, dépourvue également de dispositifs scientifiques en vue de braver les rigueurs climatiques. Cette embarcation contraste vivement avec nos voiliers modernes. Mais ce dénuement même fait la vertu de la barque de pêche, contrastant avec le sentiment de l'incompréhensible Absolu qui environne le bateau et le monde entier. De même, un oiseau solitaire sur une branche morte, dont aucune ligne, aucune ombre, n'est en trop, suffit à montrer la solitude automnale, lorsque les jours raccourcissent et que la nature recommence une fois encore à se dépouiller de ses somptueux atours estivaux [1]. Cela nous rend quelque peu pensifs, mais nous donne l'opportunité de retourner notre attention en direction de notre vie intérieure qui, si nous lui prêtons suffisamment d'attention, déploie sans réserve ses inestimables trésors devant nos yeux.

Nous pouvons apprécier ici la proximité distante de la transcendance au sein du multiple — ce qui est nommé *wabi* dans le dictionnaire des termes

---

1. Je cite d'autres images de ce genre dans les tomes II et III de mes *Essais sur le Bouddhisme Zen.*

culturels japonais. *Wabi* signifie véritablement « pauvreté », ou, négativement, « ne pas appartenir à la société, à la mode de l'époque ». Être pauvre, c'est-à-dire ne pas être dépendant des choses mondaines — richesse, pouvoir et réputation — et pourtant ressentir intérieurement la présence de quelque chose de la valeur la plus élevée, au-dessus du temps et de la position sociale : ceci est ce qui constitue essentiellement *wabi*. Défini en termes pratiques de la vie quotidienne, *wabi* consiste à se satisfaire d'une petite hutte, une pièce composée d'un, deux ou trois *tatamis* (nattes de paille de riz), comme la cabane de bûcheron de Thoreau, et d'un plat de légumes cueillis dans les champs environnants, et peut-être à écouter le son d'une douce averse printanière. Le culte de *wabi* a profondément pénétré la vie culturelle du peuple japonais. C'est vraiment le culte de la pauvreté — probablement un culte extrêmement approprié à un pays pauvre comme le nôtre. Malgré le luxe et le confort modernes venus de l'Ouest qui nous ont envahis, demeure en nous cette aspiration indéracinable au culte de *wabi*. Même dans la vie intellectuelle, on ne recherche ni la richesse des idées, ni des pensées au goût du jour, brillantes ou solennelles, ni la construction d'un système philosophique ; on cherche simplement à demeurer tranquille, sereinement, dans la plénitude de la contemplation mystique de la Nature, et à se sentir chez soi dans le monde qui nous inspire le plus, en tout cas c'est vrai pour certains d'entre nous.

Quelque « civilisés » que nous puissions être, et même si nous avons été élevés dans un environnement artificiellement aménagé, il semble que nous éprouvions tous un désir inné de simplicité primitive, proche des conditions naturelles de l'existence. Aussi bien les citadins prennent-ils plaisir à camper l'été dans les bois, à voyager dans le désert ou à ouvrir des chemins non frayés. Nous avons besoin de revenir de temps en temps au sein de la Nature, et d'en sentir directement la pulsation. La tournure mentale du Zen, consistant à transpercer toutes les formes de l'artificialité humaine et à saisir fermement ce qui demeure au-delà de cette façade, a aidé les Japonais à ne pas oublier la terre, à rester des amis de la Nature, et à apprécier sa simplicité sans affectation. Le Zen n'a pas le goût de la complexité superficielle de l'existence. La vie elle-même est assez simple, mais lorsqu'elle est surplombée par les analyses de l'intellect, elle présente des aspects extraordinairement inextricables. Tout le dispositif scientifique ne nous a pas encore permis de percer le mystère de la vie. Mais, une fois pris dans le courant de l'existence, il semble que nous soyons capables de la comprendre, dans son enchevêtrement et sa multiplicité apparemment infinis. Il semble bien que le trait le plus caractéristique du tempérament extrême-oriental soit la capacité de saisir la vie de l'intérieur et non de l'extérieur. Et le Zen a précisément touché ce point.

Dans la peinture, en particulier, la forme est sous-évaluée lorsque trop d'attention ou d'importance est accordé à la prééminence de l'esprit. Le style d' « un coin » et l'économie des coups de pinceau, aident à prendre de la distance à l'égard des règles conventionnelles. Là où vous vous attendriez normalement à voir une ligne ou une masse formant un élément équilibrant, vous ne les rencontrez pas, et pourtant ce phénomène éveille précisément en vous une sensation inattendue de plaisir. Ces défauts ou ces insuffisances patents, vous ne les ressentez pas comme tels ; en effet, l'imperfection elle-même devient une forme de perfection. A l'évidence, la beauté n'appelle pas nécessairement la perfection formelle. Cela a donné lieu à l'un des tours favoris des artistes japonais — incarner la beauté dans l'imperfection, voire la laideur, formelles.

Lorsque cette beauté de l'imperfection s'accompagne d'antiquité ou de gaucherie primitive, nous avons un aperçu du *sabi,* tellement prisé par les connaisseurs japonais. L'antiquité et la primitivité peuvent n'être pas d'actualité. Si un objet d'art provoque même superficiellement le sentiment d'une période historique, il y a du *sabi* en lui. Le *sabi* consiste en l'absence rustique de prétention, ou en l'imperfection archaïque, la simplicité ou l'absence d'efforts apparents dans l'exécution, et la richesse des associations historiques qu'il suscite (qui, cependant, peuvent ne pas être toujours présentes) ; enfin, il contient des éléments inexplicables qui élèvent l'objet en question au rang de production artistique. Ces éléments sont généralement considérés comme dérivés de l'appréciation du Zen. Les ustensiles utilisés dans la cérémonie du thé sont particulièrement de cette nature.

L'élément artistique qui intervient dans la constitution du *sabi,* qui signifie littéralement « solitude » ou « esseulement », est ainsi défini poétiquement par un maître de thé :

Lorsque je viens
Au village de pêcheurs
En ce soir d'automne,
Je ne vois ni fleurs écloses,
Ni feuilles d'érable pourpres. [1]

La solitude favorise sans aucun doute la contemplation et ne se prête pas à des démonstrations spectaculaires. Elle peut paraître extrêmement misérable, insignifiante, et pitoyable, particulièrement lorsqu'elle est confrontée aux dispositions occidentales ou modernes. S'abandonner à la solitude, sans oriflammes flottant au vent, sans feux d'artifice, et ceci au sein de la splendeur chatoyante de formes infiniment variées et de couleurs sans cesse changeantes, n'a en effet rien de spectaculaire. Prenez l'une de ces aquarelles *sumiye,* telle que le portrait de Kanzan et Jittoku (Han-Shan et Shih-tê) [2]. Suspendez-la dans une galerie d'art européenne ou américaine, et voyez l'effet produit sur l'esprit des visiteurs. Cette idée de solitude appartient à l'Est, elle est chez elle dans l'environnement qui lui a donné naissance.

La solitude ne donne pas seulement forme au village de pêcheurs dans le soir d'automne, mais

1. Fujiwara Sadaiye (1162-1241).
2. Ermites et poètes Zen de la Dynastie T'ang qui sont l'un des sujets favoris des peintres extrême-orientaux.

aussi à une touche de vert au début du printemps — qui en soi-même exprime encore plus l'idée de *sabi* ou *wabi.* Car dans cette touche de vert, comme nous le lisons dans les vers suivants, affleure l'indication de l'impulsion vitale au cœur de la désolation hivernale.

A ceux qui invoquent le temps des cerises,
Combien je souhaite montrer le printemps
Qu'irradie une touche de vert
Au milieu du village de montagne enneigé ! [1]

Ce poème est considéré par un ancien maître de thé comme profondément significatif du *sabi,* qui est l'un des quatre principes régissant la cérémonie du thé, le *cha-no-yu.* Ici on a l'apparition ténue de la puissance vitale, manifestée sous la forme d'une petite touche de vert, mais, en elle, celui qui a l'œil peut déjà discerner le surgissement du printemps sous la neige qui l'occulte. On peut dire qu'une simple idée traverse l'esprit de l'observateur, mais il ne s'agit pas moins de la vie elle-même, et non pas d'une faible indication. Pour l'artiste, la vie est autant ici que lorsque le champ tout entier est couvert de verdure et de fleurs. On peut parler du sentiment mystique de l'artiste.

L'asymétrie est un autre trait qui distingue l'art japonais. L'idée en provient sans aucun doute du style d'« un coin » de Bayen. L'exemple le plus simple et le plus fort, en est le plan de l'architecture

1. Fujiwara Iyetaka (1158-1237)

bouddhiste. Les principales structures, telles que le portail, la salle du Dharma, la salle du Bouddha, et d'autres, sont alignées ; mais les structures d'une importance secondaire ou supplémentaires, quelquefois même celles d'importance majeure, ne sont pas disposées symétriquement comme les ailes d'un bâtiment. On les trouve dispersées irrégulièrement sur le terrain en accord avec les particularités topographiques. On sera vite convaincu de ce fait si l'on visite quelques-uns des temples bouddhistes dans la montagne, par exemple, le Sanctuaire d'Iyeyasu à Nikko. On peut dire que l'asymétrie est tout à fait caractéristique de ce type d'architecture japonaise.

Ceci peut être démontré par excellence [1] dans la construction de la chambre de thé et dans les ustensiles affectés à cet usage. Regardez le plafond, qui peut être construit au moins en trois styles différents, et certains des ustensiles destinés à servir le thé, ainsi que la disposition des pierres-de-gué et des dalles dans le jardin. Nous découvrons de multiples illustrations du principe d'asymétrie, ou, d'une certaine manière, d'imperfection, ou bien du style d' « un coin ».

Certains moralistes japonais essaient d'expliquer ce goût des artistes japonais pour les formes asymétriques, et les canons artistiques non conventionnels, ou plutôt a-géométriques, par la théorie selon laquelle les gens ont été éduqués selon une éthique qui les porte à éviter d'être importuns, mais plutôt à toujours s'effacer, de sorte que cette habitude

---

1. En français dans le texte (N.d.T.).

mentale d'annihilation de soi se manifeste de la même manière dans l'expression artistique. Mais, à mon avis, cette théorie n'est pas tout à fait correcte. Ne serait-ce pas une explication plus plausible que de dire que le génie artistique du peuple japonais a été inspiré par la manière Zen de considérer les phénomènes individuels comme parfaits en eux-mêmes, et en même temps incorporant la nature de la totalité qui appartient à l'Un ?

La doctrine de l'esthétique ascétique n'est pas aussi fondamentale que celle de l'esthétique Zen. Les pulsions artistiques sont plus primitives, ou plus innées, que les pulsions éthiques. L'art en appelle plus directement à la nature humaine. L'éthique est régulatrice, l'art est créateur. L'éthique est imposée de l'extérieur, l'art est une expression irrépressible surgie de l'intérieur. Le Zen s'associe directement avec l'art, non avec l'éthique. Le Zen peut être immoral, il n'est jamais dépourvu d'esthétique. Lorsque les artistes japonais créent des objets imparfaits du point de vue de la forme, ils peuvent même vouloir accorder leur motif artistique à la notion courante d'ascétisme moral ; mais nous devons nous garder de conférer trop d'importance à leur propre interprétation ou à celle de la critique. Notre conscience n'est pas, après tout, un critère de jugement très fiable.

Quoi qu'il en soit, l'asymétrie est certainement caractéristique de l'art japonais, ce qui est l'une des raisons pour lesquelles les objets artistiques japonais sont, dans une certaine mesure, informels et abordables. La symétrie suscite une notion de grâce, de solennité, elle est impressionnante, ce qui est aussi le cas du formalisme logique ou de l'accumulation d'idées abstraites. On pense souvent que les Japonais ne sont pas un peuple intellectuel ni philosophe, parce que leur culture générale n'est pas profondément imprégnée d'intellectualité. Je crois que cette critique découle quelque peu de l'amour japonais pour l'asymétrie. L'intellectuel aspire primordialement à l'équilibre, tandis que les Japonais sont aptes à l'ignorer, et à être fortement enclins au déséquilibre.

Le déséquilibre, l'asymétrie, le « un-coin », la pauvreté, la simplicité, le *sabi* ou le *wabi*, la solitude, et les notions qui s'y apparentent, figurent parmi les traits les plus frappants et les plus caractéristiques de l'art et de la culture japonais. Tout cela émane d'une perception centrale de la vérité du Zen, qui est « l'Un dans le Multiple et le Multiple dans l'Un », ou mieux, « l'Un demeurant un dans le Multiple individuellement et collectivement ».

II

Que le Zen ait contribué à stimuler les pulsions artistiques du peuple japonais et à imprégner leurs œuvres des idées caractéristiques du Zen, cela est dû aux faits suivants : les monastères Zen étaient quasi exclusivement les lieux d'apprentissage artistique, au moins pendant les Eres Kamakura et Muromachi ; les moines Zen avaient constamment l'occasion d'entrer en contact avec des cultures étrangères ; les moines eux-mêmes étaient des artistes, des érudits, et des mystiques ; le pouvoir politique de l'époque les encourageait même à s'engager dans des entreprises commerciales en vue d'apporter au Japon des productions étrangères, artistiques et industrielles ; les aristocrates et les classes politiquement influentes du Japon patronnaient des institutions Zen et voulaient se soumettre à la discipline du Zen. Le Zen n'a donc pas seulement agi directement sur la vie religieuse des Japonais, mais aussi très fortement sur leur culture générale.

Le Tendai, le Shingon, et le Jodo [1] ont grandement contribué à imprégner les Japonais de l'esprit du Bouddhisme, et, par le biais de leur iconographie, à développer leurs aptitudes innées à la sculpture, à la peinture, à l'architecture, au tissage et au travail des métaux. Mais la philosophie du Tendai est trop abstraite et abstruse pour être comprise par les masses : le ritualisme de Shingon est trop élaboré et compliqué, par conséquent trop coûteux pour le peuple. En revanche, le Shingon, le Tendai et le Jodo ont produit des sculptures, des images, et des ustensiles artistiques de toute beauté destinés à servir à leurs cérémonies quotidiennes. Les « trésors

1. Ce sont, avec le Shin et le Nichiren, les principales écoles du Bouddhisme au Japon.

nationaux » les plus prisés appartiennent aux périodes Tempyo, Nara et Heian, lorsque ces deux écoles du Bouddhisme étaient en croissance et intimement impliquées dans les classes cultivées de la société. Le Jodo enseigne la Terre Pure dans toute sa splendeur, où le Bouddha de la Lumière Infinie est assisté par sa suite de Bodhisattvas, et ceci inspira des artistes pour peindre ces admirables portraits d'Amida conservés dans les divers temples bouddhistes du Japon. Le Nichiren et le Shin sont des créations de l'esprit religieux japonais. Le Nichiren ne nous donna aucune impulsion spécifiquement artistique ni culturelle ; le Shin avait tendance à se montrer quelque peu iconoclaste et n'a rien produit qui soit digne d'être mentionné en matière artistique et littéraire, sinon les hymnes connus sous le nom de *wasan* et les « honorables lettres » (*gobunsho ou ofumi*) principalement écrites par Rennyo (1415-1499).

Le Zen est venu au Japon après le Shingon et le Tendai, et il fut immédiatement adopté par la caste des guerriers. Plus ou moins accidentellement d'un point de vue historique, le Zen se dressa contre le clergé aristocratique. La noblesse, aussi, dans les débuts, n'aima pas trop le Zen et se servit de ses atouts politiques pour se dresser contre le Zen. Au commencement de son existence japonaise, dès lors, le Zen évita Kyoto et s'établit sous le patronage de la famille Hojo à Kamakura. Ce lieu, alors siège du gouvernement féodal, devint le quartier général de la discipline Zen. De nombreux moines Zen, venus de Chine, s'établirent à Kamakura et trouvèrent un vigoureux soutien auprès du clan Hojo-Tokiyori, Tokimune, leurs successeurs et leur entourage.

Les maîtres chinois amenèrent beaucoup d'artistes et de nombreux objets d'art avec eux, et les Japonais qui revenaient de Chine rapportaient également du matériel littéraire et artistique. Des peintures de Kakai (Hsia Kuei — 1190-1220), Mokkei (Mu-ch'i — environ 1240), Ryokai (Liang K'ai —environ 1210), Bayen (Ma Yuän — 1175-1225), et d'autres artistes se frayèrent ainsi un chemin jusqu'au Japon. Les manuscrits des célèbres maîtres Zen de Chine trouvèrent également un abri dans nos monastères. En Extrême-Orient, la calligraphie est un art à l'égal de la peinture *sumiye*, et elle était cultivée presque universellement dans les couches intellectuelles de la population en ces temps anciens. L'esprit qui imprégnait la peinture et la calligraphie Zen produisit une forte impression. Il y a en cet esprit quelque chose de viril et d'inflexible. L'air doux, gentil, gracieux — presque féminin, pourrait-on dire — qui prévalait dans la période antérieure à Kamakura, fut remplacé par une allure masculine, qui s'exprime particulièrement dans la sculpture et la calligraphie de l'époque. La rude virilité des districts de Kwanto est proverbiale, contrastant avec la grâce et le raffinement des courtisans de Kyoto. Les vertus guerrières, empreinte de mysticisme et de désintérêt envers les affaires mondaines, en appellent au pouvoir de la volonté. Le Zen à cet égard marche main dans la main avec l'esprit du Bushido, la Voie du Guerrier.

Une autre caractéristique de la discipline Zen, ou plutôt de la vie monastique au moyen de laquelle le

Zen véhicule son système d'enseignement, est la suivante : comme le monastère est habituellement situé dans les montagnes, ses habitants sont en contact extrêmement intime avec la nature, proches d'elle, ils l'étudient avec sympathie. Ils observent les plantes, les oiseaux, les animaux, les rochers, les rivières, auxquels des citadins prêteraient peu d'attention. Et leur observation reflète profondément leur philosophie, ou mieux, leur intuition. Elle n'est pas celle de simples naturalistes. Elle pénètre dans la vie même des objets qui se présentent à l'observation du moine. Tout ce qu'ils peindront de la nature exprimera inévitablement cette intuition ; on sentira dans leurs travaux la douce respiration de l'« esprit des montagnes ».

L'intuition fondamentale qu'obtiennent les maîtres Zen au moyen de leur discipline semble stimuler leur instinct artistique s'ils sont aptes à la création. L'intuition qui pousse le maître à créer de beaux objets, c'est-à-dire, à exprimer le sentiment de la perfection au moyen de choses laides et imparfaites, est apparemment étroitement liée au sens artistique. Les maîtres Zen peuvent ne pas faire de bons philosophes, mais ils sont très fréquemment d'excellents artistes. Même leur technique est souvent de premier ordre, en outre ils savent comment nous communiquer quelque chose d'unique et d'original. L'un d'eux est Musô, le Professeur National (1275-1351). C'était un excellent calligraphe et un grand paysagiste ; où qu'il résidât, en de nombreux endroits du Japon, il dessina de splendides jardins, parmi lesquels certains existent encore, soigneusement préservés de l'injure du temps. Parmi les peintres Zen fameux du XIVe et XVe siècles, nous pouvons mentionner Cho Densu (mort en 1431), Kei Shoki (vers 1490), Josetsu (1375-1420), Shubun (1420-1450), Seshu (1421-1506) et bien d'autres.

Georges Duthuit, l'auteur de *Mysticisme chinois et peinture moderne* semble comprendre l'esprit du mysticisme Zen. Il écrit : « Lorsque l'artiste chinois peint, ce qui importe est la concentration de la pensée et la réponse prompte et rigoureuse de la main à la volonté directrice. La tradition lui ordonne de voir, ou plutôt de sentir, comme un tout l'œuvre à exécuter, avant de s'embarquer dans quoi que ce soit. « Si les idées d'un homme sont confuses, il deviendra l'esclave des conditions extérieures. » (...). Celui qui délibère et modifie son coup de pinceau en faisant un tableau, échoue encore plus à peindre son art (qui ressemble à une sorte d'écriture automatique). Dessiner des bambous pendant dix ans, devenir un bambou, puis tout oublier au sujet des bambous lorsqu'on dessine. En possession d'une technique infaillible, l'individu se met à la merci de l'imagination. »

Devenir un bambou et oublier qu'on en est un tandis qu'on le dessine. C'est le Zen du bambou, qui se meut avec le « mouvement rythmique de l'esprit », qui réside dans le bambou aussi bien que dans l'artiste lui-même. Il lui est demandé de saisir fermement l'esprit et pourtant de n'être pas conscient de ce fait. C'est une tâche très difficile qui n'est achevée qu'au terme d'un long entraînement spirituel[1]. Les peuples extrême-orientaux ont appris dès les premiers temps à se soumettre à ce genre de discipline s'ils veulent réaliser quelque chose dans le monde de l'art et de la religion. Le Zen, en fait, a exprimé cela par la formule suivante : « Un en tout et tout en un. » Lorsque ceci est profondément compris, il y a génie créateur.

Il est ici extrêmement important de comprendre la phrase dans son sens propre. Les gens imaginent que cela signifie le panthéisme, et certains étudiants du Zen semblent être d'accord. Cela est regrettable, car le panthéisme est quelque chose d'étranger au Zen, et aussi à la compréhension de son travail par l'artiste. Lorsque les Maîtres Zen déclarent que l'un est dans le tout et que le tout est dans l'un, ils ne veulent pas dire que l'un est l'autre et vice versa. Comme l'un est dans le tout, certaines personnes supposent que le Zen est un enseignement panthéiste. Loin de là ; le Zen n'hypostasierait jamais l'un ou le tout comme une chose saisissable par les sens. La phrase « Un en tout et tout en un » doit être comprise comme une expression de l'intuition — *prajna* absolue et ne doit pas être analysée conceptuellement. Lorsque nous voyons la lune, nous savons que c'est la lune, et c'est assez. Ceux qui entreprennent d'analyser l'expérience et essaient d'établir une théorie de la connaissance ne sont pas des étudiants du Zen. Ils cessent de l'être, même s'ils le furent, au moment même des processus analytiques. Le Zen soutient toujours son expérience en

1. Cf. Takuan au sujet de la « Prajna Immuable ».

tant que telle et refuse de se commettre dans aucun système philosophique.

Même lorsque le Zen se laisse aller à l'intellection, il ne souscrit jamais à une intellection poétique du monde. D'abord, il n'existe rien de tel que l'un dans le Zen. Si jamais le Zen parle de l'un comme l'ayant reconnu, c'est une sorte de concession au langage parlé. Pour les étudiants du Zen, l'un est tout et le tout est un, et pourtant l'un demeure l'un et le tout le tout. « Pas deux ! » peut conduire le logicien à penser « C'est l'un ». Mais le maître continuera en disant : « Pas l'un non plus ! » « Quoi alors ? » pourrons-nous demander. Nous nous trouvons confrontés à une impasse, pour autant que le langage soit concerné. Aussi bien dit-on que « si vous voulez être en communion directe (avec la réalité), je vous dirais « Pas deux ! ».

Le *mondo* suivant [1] peut aider à illustrer ce que je veux souligner au sujet de l'attitude du Zen envers l'interprétation prétendument panthéiste de la nature.

Un moine demanda à Tosu (T'ou-Tzu), un maître Zen de la période T'ang : « Je comprends que tous les sons sont la voix du Bouddha. Est-ce exact ? » Le maître dit : « C'est exact. » Le moine continua alors : « Le maître pourrait-il cesser d'émettre un bruit qui évoque le son de la fermentation d'une masse de merde ? » Le maître alors frappa le moine.

Le moine demanda ensuite à Tosu : « Suis-je dans le juste lorsque je comprends que le Bouddha

---

1. Ceci et ce qui suit provient du *Hekigan-shu*, cas 79.

affirme que toute parole, même triviale ou déplacée, ressortit de l'ultime vérité ? » Le maître dit : « Oui, tu es dans le juste ». Le moine poursuivit : « Puis-je alors vous traiter d'âne ? » Le maître alors le frappa.

Il peut être nécessaire d'expliquer ce *mondo* en langage courant. Concevoir que chaque son, chaque bruit, chaque parole que l'on produit provient de la source de la Réalité Une, c'est-à-dire du Dieu Un, est, je l'imagine, panthéiste. Car « Je donne à tous la vie, le souffle et toutes choses » (Actes XVII-23) ; et encore « car c'est en Lui que nous avons la vie, le mouvement et l'être » (Acte XVII-28). S'il en est ainsi, les flatulences du maître Zen sont l'écho du son mélodieux de la voix s'échappant de la bouche dorée du Bouddha, et même lorsqu'un grand maître est comparé à un âne, cette épithète infâmante doit être considérée comme reflétant quelque chose de la vérité ultime. Toutes les formes du mal peuvent être considérées comme incarnant de quelque manière le Vrai, le Bon et le Beau, et comme contribuant à la perfection de la Réalité. Pour l'énoncer plus concrètement, le mal est bien, le laid est beau, le faux est vrai, l'imparfait est parfait, et inversement. Cela est, sans doute, le type de raisonnement auquel s'adonnent ceux qui conçoivent la nature divine comme immanente à toutes choses. Voyons comment le maître Zen traite le problème.

Il est remarquable que Tosu se soit élevé précisément contre de telles interprétations intellectualistes et ait frappé le moine. Car c'était la dernière chose que l'on pouvait attendre de lui, à partir du moment où le moine ne faisait que développer logiquement la proposition du maître. Mais Tosu savait, comme tous les maîtres Zen, l'inutilité d'une quelconque démonstration verbale à l'égard d'un tel « logicien ». Le verbiage ne peut en effet que mener d'une complication à l'autre ; il n'y a pas de fin. La seule façon, peut-être, de faire comprendre à un moine comme celui-là la fausseté de sa compréhension conceptuelle est de le frapper, et de le laisser de la sorte expérimenter en lui-même la signification de la formule « Un en Tout et Tout en Un ». Le moine devait être éveillé de son somnambulisme logique. D'où la réaction drastique de Tosu.

Seccho commente cet épisode de la manière suivante :

> Il est lamentable que tant de gens veuillent jouer avec le courant,
> Ils sont tous finalement engloutis et meurent !
> Qu'ils s'éveillent soudainement (du piège mortel)
> Et voient tous les torrents remonter leurs cours, en crue, bondissants [1].

Ce qui est nécessaire est un retournement abrupt, un éveil soudain, par lequel on parvient à la réalisation de la vérité du Zen — qui n'est ni du transcendantalisme, ni de l'immanentisme, ni non plus une

1. Seccho (Hsuch-tou, 980-1052) fut l'un des grands maîtres de la période Song, célèbre pour son œuvre littéraire. Le *Hekigan-shu* est basé sur les « Cent Cas » de Seccho, qu'il sélectionna dans les annales du Zen.

combinaison des deux. La vérité est telle que la déclare Tosu :

Un moine demande : « Qu'est-ce que le Bouddha ? »
Tosu répond : « Le Bouddha. »
Le moine : « Qu'est-ce que le Tao ? »
Tosu : « Le Tao. »
Le moine : « Qu'est-ce que le Zen ? »
Tosu : « Le Zen. »

Un maître répond comme un perroquet, il est l'écho lui-même. En fait, il n'existe aucune autre manière d'illuminer l'esprit du moine que d'affirmer ce qui est — le fait ultime de l'expérience.

Un autre exemple [1] est donné pour illustrer ce point. Un moine demanda à Joshu (Chao-Chou) de la Dynastie T'ang : « Il est dit que la Voie Parfaite ne connaît aucune difficulté, seulement qu'elle abhorre la discrimination. Qu'est-il signifié par Non-discrimination ? »

Joshu dit : « Au-dessus des cieux et sous les cieux, moi seul suis l'Un Honoré. »

Le moine suggère « Encore une discrimination. »

La réponse du maître fut « Oh ! Quel incapable ! Où est la discrimination ? »

Par discrimination le maître Zen entend ce que nous exerçons lorsque nous refusons d'accepter la Réalité telle qu'elle est dans son ainséité, car nous réfléchissons alors sur elle et l'analysons à l'aide de

---

1. *Hekigan-shu,* cas 57.

concepts, poursuivant un processus d'intellection, et aboutissant finalement à un raisonnement circulaire. L'affirmation de Joshu est ultime et n'autorise aucune équivoque, aucune argumentation. Nous avons simplement à la prendre telle qu'elle se présente, et à nous en satisfaire. Au cas où nous ne réussissons pas à le faire, nous la laissons tranquille et allons chercher ailleurs notre propre illumination. Le moine ne pouvait pas voir où était Joshu, il répliqua « Il y a encore une discrimination ! » En tout état de cause, la discrimination est du côté du moine et non du côté de Joshu. Aussi « l'Un Honoré » devient-il un « incapable ».

Comme je l'ai dit auparavant, la formule « Tout en Un et Un en Tout » ne doit pas être analysée d'abord au moyen des concepts « Un » et « Tout », et la conjonction ne doit pas être intercalée entre eux ; aucune discrimination ne doit être exercée ici, mais on doit simplement accepter cela et demeurer en sa compagnie, ce qui en réalité n'est pas du tout demeurer. Il n'y a rien d'autre à faire. Aussi bien le maître frappe-t-il ou nomme-t-il. Il n'est ni indigné ni mal luné, tout au plus veut-il aider ses disciples à sortir du puits qu'ils ont creusé eux-mêmes. Aucune somme d'arguments, aucune persuasion verbale ne peuvent prévaloir ici. Seulement le maître sait comment arracher ses disciples à une impasse logique et leur ouvrir une nouvelle voie ; qu'ils se contentent donc simplement de la suivre. En le suivant, ils retournent peu à peu à leur Demeure Originelle.

Lorsqu'une compréhension intuitive ou expérimentale de la Réalité est verbalement formulée comme « Tout en Un et Un en Tout », nous avons là la formulation fondamentale telle qu'elle est enseignée par les diverses écoles du Bouddhisme. Dans la terminologie de l'école Prajna, c'est : *sunyata* (le « Vide ») est *tathata* (l' « Ainséité ») ; *sunyata* est le monde de l'Absolu et *tathatha* le monde phénoménal. L'une des formules les plus communes dans le Zen est : « Les saules sont verts, et les fleurs rouges », ou : « Les bambous sont droits et les pins sont noueux ». Les données de l'expérience sont acceptées telles qu'elles sont, le Zen n'est pas nihiliste, ni simplement positiviste. Le Zen dirait simplement que, du fait du Vide, le bambou ne peut être autre chose qu'un bambou, ni le pin, un pin. Ce en quoi les affirmations du Zen diffèrent de la simple expérience sensorielle, cependant, est que l'intuition Zen surgit de *prajna* et non de *jna* [1]. C'est de ce point de vue qu'à la question « Qu'est-ce que le Zen ? » le maître répond parfois : « Le Zen » et parfois : « Pas le Zen ».

Nous pouvons voir maintenant que le principe de la peinture *sumiye* provient de cette expérience Zen, que l'immédiateté, la simplicité, l'élan spirituel, la complétude et d'autres qualités que nous observons dans le style *sumiye* de peinture extrême-orientale entretiennent une relation organique avec le Zen. Il n'y a pas plus de panthéisme dans le *sumiye* que dans le Zen.

Il y a autre chose que je ne dois pas oublier de mentionner sous ce rapport, et qui est peut-être le

1. *Prajna* peut être traduit par « sagesse transcendantale », tandis que *jna* ou *vijnana* est la « connaissance relative ».

facteur le plus important aussi bien dans le *sumiye* que dans le Zen. C'est la créativité. Lorsqu'on dit que le *sumiye* dépeint l'esprit d'un objet, ou donne forme à ce qui n'a pas de forme, cela signifie qu'un esprit créatif doit animer la peinture. Le travail du peintre ne consiste donc pas seulement à copier ou à imiter la nature, mais à doter l'objet d'une existence autonome. Il en est de même pour le maître Zen. Lorsqu'il dit que le saule est vert et que la fleur est rouge, il ne nous donne pas seulement une description d'un paysage naturel, mais de quelque chose où le vert est vert, et le rouge, rouge. Ce quelque chose est ce que j'appelle l'esprit de créativité. *Sunyata* est sans forme, mais c'est la source de tous les possibles. La créativité consiste à actualiser le possible. A la question : « Qu'est-ce que le Dharma ? », Tosu répond : « Le Dharma » ; à la question : « Qu'est-ce que le Bouddha ? », il répond : « Le Bouddha ». Ce n'est en aucune façon une réponse de perroquet, un simple écho, toutes les réponses proviennent de son esprit créateur, sans lequel il n'y a ni Zen ni Tosu. La compréhension du Zen est la compréhension de ce type d'esprit. La rencontre de Yakusan et de Riko illustre cela [1].

Yakusan (Yao-Shan, 751-834) était un grand maître de la période de T'ang. Lorsque Riko (Li Ao), Gouverneur de la province, entendit parler de ce maître Zen, il le fit appeler à la capitale. Mais Yakusan refusa de venir. Ceci se produisit plusieurs fois. Riko s'impatienta et courut en personne voir le

1. *Dento-roku* (« Transmission de la lampe »), fasc. 14.

maître dans sa retraite de montagne. Yakusan était en train de lire les *sutras* et ne prêta aucune attention à l'arrivée du gouverneur. Son assistant lui rappela la présence de cet important personnage, mais le maître continua sa lecture. Riko se sentit blessé et remarqua : « Voir le visage n'est pas du tout comme entendre le nom ». Il voulait dire par là que la personne en question n'était pas à la hauteur de sa réputation. Yakusan l'appela alors : « O Gouverneur ! » Riko répondit immédiatement, « Oui, Maître ». Le maître dit alors : « Pourquoi placez-vous l'audition au-dessus de la vision ? » Le gouverneur s'excusa et demanda : « Qu'est-ce que le Tao ? » Yakusan leva le doigt et le rabaissa, puis il dit : « Comprenez-vous ? » Riko dit : « Non Maître ». Alors Yakusan remarqua : « Les nuages sont dans le ciel et l'eau dans la jarre ». Il paraît que ceci réjouit profondément le gouverneur.

Riko a-t-il vraiment compris ce que voulait dire Yakusan ? La formule de Yakusan n'est rien d'autre qu'une plate constatation des faits tels qu'ils sont, et nous pourrions demander : « Où est le Tao ? » Riko était un grand érudit et un philosophe. Il devait s'être forgé une conception abstraite du Tao. Pouvait-il si facilement accorder ses vues à celles de Yakusan ? Quoi que nous puissions en dire, Yakusan, Tosu, et les autres maîtres Zen suivent tous les mêmes chemins. Les artistes sont également incités à prendre ce chemin.

LE ZEN ET L'ART JAPONAIS *

I

Il doit y avoir quelque chose dans le caractère japonais qui s'harmonise bien avec l'esprit du Zen, car l'esprit du Zen a pénétré si profondément la vie et la culture du peuple japonais, que nous pouvons y reconnaître sa présence, quoique pas toujours de façon uniforme. L'introduction du Zen au Japon a pris place pendant la Période Kamakura.

Le Zen s'unit d'abord avec l'esprit du Samouraï dès qu'il mit le pied sur la Terre du Soleil Levant. La famille Hojo construisit plusieurs temples Zen à Kamakura, et ses chefs étudièrent très sérieusement le Zen sous la conduite de professeurs venus de Chine. Naturellement, les chevaliers servant le gouvernement Hojo suivirent l'exemple. Leurs

* Bulletin fo Eastern Act n° 27 (1943).

actes de bravoure audacieux et parfois téméraires sont enregistrés dans les annales de cette époque.

Ce ne fut pas, cependant, avant l'Ère Asikaga que l'influence spirituelle du Zen pénétra les différents domaines de l'art au point d'affecter l'existence du peuple de manière générale.

II

Parmi les traits les plus caractéristiques du Zen, nous trouvons ceci : la spiritualité, le caractère direct de l'expression, le mépris des formes et des conventions, et parfois un malin plaisir à s'écarter de la respectabilité. Par exemple, alors que la forme exige un traitement systématique des sujets en question, un peintre Zen peut en effacer toute trace et laisser un morceau de roche insignifiant occuper juste un coin du champ. Lorsque la propreté absolue est ce qui est recherché, un jardinier Zen peut joncher le jardin de quelques feuilles mortes. Un adepte Zen du Sabre peut adopter une attitude presque nonchalante devant l'adversaire, comme si ce dernier pouvait l'attaquer à sa guise ; mais lorsque l'ennemi attaque de son mieux, l'homme du Zen le terrifiera par sa totale indifférence. En cela, le Zen est l'Inattendu lui-même, il dépasse le calcul logique, et défie le bon sens.

III

Si le Zen est tellement inattendu et imprévisible, c'est d'abord parce qu'il transcende la conceptualisation. Il s'exprime de la façon la plus impossible ou irrationnelle ; il ne laisse rien subsister entre lui-même et son interprétation. En fait, la seule chose qui limite le Zen est de vouloir s'exprimer. Mais cette limitation est imposée à tout ce qui est humain et même aux choses divines pour autant qu'elles doivent être rendues intelligibles.

L'esprit du Zen se porte donc au-delà de la conceptualisation, ce qui signifie saisir l'esprit de la manière la plus intime. Ceci en retour signifie jusqu'à un certain point le mépris de toute technique. Cette idée peut être mieux exprimée en disant que le Zen contient quelque chose qui élude toute technique systématisée, mais doit être saisi de quelque façon si l'on veut parvenir au contact le plus rapproché avec la Vie, qui engendre et pénètre tous les phénomènes, qu'elle dote d'énergie.

IV

La principale préoccupation de l'artiste japonais est d'entretenir une intime relation avec cette Vie, cet Esprit. Même lorsqu'il maîtrise toute la technique nécessaire à sa profession, il ne s'arrête pas là, car il se trouve encore en état de manque ; il est encore enchaîné par les restrictions techniques et le traditionalisme ; il sent bridé son génie créateur ; il ne parvient pas à l'exprimer avec la plus grande liberté possible. Il a passé de nombreuses années à se qualifier comme digne héritier de sa profession, où se sont succédé des lignées de maîtres brillants, mais ses œuvres n'atteignent pas ses idéaux, elles ne surgissent pas avec la Vie. Il n'est pas satisfait de lui-même. Il n'est pas un créateur mais un imitateur.

Lorsqu'un artiste japonais atteint ce stade, il frappe fréquemment à la porte d'un maître Zen. Il lui demande de le conduire au sanctuaire intérieur du Zen. Lorsque le Zen est compris, l'esprit prend diverses formes pour s'exprimer : le peintre s'exprime par la peinture, le sculpteur par la sculpture, le danseur de No par la danse, le maître de thé par la cérémonie du thé, le jardinier par le jardinage, etc.

V

On demanda à l'un des maîtres Kano de peindre un dragon sur le plafond de l'un des principaux bâtiments appartenant aux Myosinai. Il voulait en faire l'un de ses chefs-d'œuvre, car un temple vit longtemps et l'on y conserve généralement toutes sortes de trésors artistiques. Mais il ne se sentit pas tout à fait à la hauteur de sa tâche. Le dragon est bien sûr une créature mythique, et le peintre n'avait naturellement pas l'ambition de réaliser un ouvrage à la ressemblance d'un véritable dragon. Il désirait créer le dragon à partir de sa propre imagination pleine de vie et d'esprit, de telle sorte que l'animal, quelle que fût son apparence grotesque, soit le peintre lui-même vivant dans un monde d'idées. Réaliser cela n'était pas une mince affaire. La réalité sensorielle l'entravait sans cesse alors qu'il souhaitait s'envoler dans un ciel de fantaisies artistiques. Le peintre s'en fut finalement voir l'abbé du monastère qui était un grand maître Zen de l'époque, et lui demanda comment procéder dans son travail. Le maître dit simplement : « Soyez le dragon vous-même. » L'artiste Kano ne savait pas comment prendre cet avis, mais après une longue réflexion, l'idée se fit jour en lui. Lorsqu'il revint ensuite voir le maître, il n'était plus un simple peintre qui essayait de peindre un dragon, il était le dragon lui-même. Le maître lui dit alors de poursuivre son œuvre. L'œuvre était celle d'un dragon en train de peindre son autoportrait, et non pas celle d'un être humain essayant de représenter une créature mythique. On peut encore admirer cette œuvre sur le plafond d'origine, comme l'a réalisée le peintre, en noir et blanc.

VI

Le traitement asymétrique d'un sujet caractérise le Zen aussi bien que le Japon. On rencontre souvent un carré en un cercle interrompu dans un coin, une tasse à thé défigurée, une table couverte de plats de différentes formes ou une pièce pourvue de plafonds de plusieurs motifs, et percée de fenêtres de diverses tailles et formes. L'exemple typique d'asymétrie est la salle du thé.

L'asymétrie peut être considérée comme une imperfection, mais à mon sens ce n'est pas vrai. D'un certain point de vue, une ligne brisée est aussi parfaite qu'une droite ou une courbe. Une ligne brisée ou une courbe irrégulière sont parfaites dans leur « imperfection » même. S'il s'agit de servir pour un but utilitaire, une courbe ou une ligne doivent être parfaitement formées, mais l'art ne recherche pas un tel but. Cette a-téléologie constitue l'esprit du Zen aussi bien que de l'art.

VII

Une ligne brisée ou une représentation imparfaite d'un objet peuvent être considérées comme suggérant une forme régulière et donc parfaite, mais du point de vue du Zen qui est aussi la sensibilité japonaise, une chose même déformée est parfaite et artistique dans sa déformation même. Ce qui est exigé ici pour rendre parfaite l'imperfection est la présence de l'amour spirituel de l'artiste envers l'objet — un amour supérieur à l'égotisme, surgi du Grand Esprit.

VIII

Les Japonais sont connus pour leur amour des miniatures. Ce goût a un arrière-plan historique, mais en réalité il reflète l'esprit du Zen, qui transforme un Bouddha de seize pieds de haut en un simple brin d'herbe, et inversement, et qui contient aussi dans un grain de moutarde le grand pic du Mont Sumeru. Une grenouille verte insignifiante est assise sur une feuille de lotus un matin d'été, dans une mare entourée d'arbres à la croissance luxuriante. Un peintre pose cette créature sur une pièce de soie et la fait s'asseoir sur la feuille de lotus comme si elle jouissait d'une existence sur la Terre Pure. Alors tout cela perd subitement son insignifiance ; à cet égard la scène a atteint sa perfection ; la feuille est peut-être agitée par une douce brise, mais elle sait où elle est et se balance en sécurité, comme si tous les phénomènes lui appartenaient ou ne faisaient qu'un avec elle. Après tout, ce n'est pas tant la grenouille qui est assise ici, que le peintre lui-même, dans sa plénitude, qui ne fait qu'un avec celle du monde, c'est le peintre lui-même, c'est même le Grand Esprit de l'Univers. Pas seulement l'artiste, mais le spectateur aussi qui est absorbé dans l'esprit qu'irradie la peinture.

IX

Ce qu'effectue réellement un artiste Zen n'est pas tant de suggérer ce qui est omis, que d'opérer la réflexion de la réalité tout entière dans les petites choses qui nous font face. Car, lorsqu'ils sont compris, ces phénomènes se présentent comme plus qu'eux-mêmes. Ce sont des réalités et non leur suggestion. Avant que le Zen se fût emparé de l'âme japonaise, cela n'était pas possible malgré les fortes dispositions naturelles de cette âme. Elle ne s'exprimait pas ainsi. Le Zen l'a rendue éloquente, elle a cessé d'être muette. Même si l'esprit primitif recèle, profondément enfouies, de nombreuses vertus et potentialités, il faut le contact d'une culture spirituelle plus haute, pour les amener sur la scène à travers les étapes du développement historique. Le Zen a comblé cette attente de l'âme japonaise.

*RINZAI SUR LE ZEN **
Traduction du chinois et commentaire

Ce qui suit est la première traduction en français ** d'un sermon de *Rinzaï* (Lin-Tsi) qui mourut en 867. Il fut un maître renommé de la Dynastie T'ang (618-905), et l'école du Zen qui se créa après lui porte son nom. Ses sermons et d'autres matériaux contenant sa « Vie » et ses *mondo* (questions et réponses) furent compilés après sa mort par un premier disciple, et le sermon reproduit ici est probablement parmi les premiers discours tenus sur le Zen par Rinzaï. « Les Paroles », livre de près de 14 800 caractères, sont considérées comme l'un des documents les plus remarquables élucidant les principes du Zen. Ceux qui étudient le Zen d'une façon ou d'une autre ne peuvent se permettre de les négliger.

La pensée de Rinzaï peut être caractérisée en énumérant les points suivants : 1) Véritable compréhension, 2) Liberté, 3) Ne pas se laisser illu-

* Extrait d'un numéro spécial de la *Chicago Review* (1948).
** D'après la lecture du Dr Suzuki (N.d.T.).

sionner par les autres, 4) La foi en soi, 5) Le détachement des choses extérieures, 6) « Celui qui, en ce moment, écoute mon sermon », 7) Rien qui demande en chacun de nous, 8) Être un homme de buji et 9) N'être pas différent du Bouddha.

Le maître dit :

« Ceux d'entre vous qui veulent entrer dans la discipline du Dharma [1] du Bouddha doivent rechercher la véritable compréhension. Lorsque cette compréhension sera atteinte, vous ne serez souillés ni par la naissance ni par la mort [2]. Que vous marchiez ou que vous vous teniez immobiles, vous serez votre propre maître [3]. Même lorsque vous n'essayez pas de réaliser quelque chose d'extraordinaire [4], cela viendra à vous de soi-même.

Ô pratiquants de la Voie, depuis les temps anciens chacun de mes prédécesseurs avait sa pro-

---

1. Dharma *(ho, fa)* a plusieurs significations. Ici il est utilisé dans le sens de réalité, l'ultime, la vérité, la raison absolue, etc.

2. Le cycle de naissance et de mort est *samsara* en sanscrit. Il nie la réalité absolue, ou quelque permanence éternelle en dépit de toutes les vicissitudes phénoménales.

3. « Être maître de soi-même » *(jiyu, tzu-yu)* ne doit pas être compris dans le sens de force de la volonté, ou self-control. Selon le récit biblique, Dieu créa le monde de par sa libre volonté : il était son propre maître, personne ne l'a obligé ; il était un hôte libre, indépendant, autonome. Chacun de nous porte en soi quelque chose de cela, identique en essence au divin vouloir.

4. « Extraordinaire » ne signifie ni surnaturel ni miraculeux. Lorsque la véritable compréhension est atteinte, l'ordinaire se transforme en extraordinaire.

pre méthode d'éducation de ses disciples. En ce qui concerne ma façon de guider les gens : tout ce dont ils ont besoin est de ne pas se laisser illusionner par les autres. (Soyez indépendants) et allez votre propre chemin comme vous le désirez ; n'ayez aucune hésitation.

Savez-vous où se trouve la maladie qui vous empêche, étudiants, d'atteindre (la vraie compréhension) ? Elle est dans le manque de foi envers votre Soi. Lorsque manque la foi dans votre Soi, vous êtes pressés par les autres de toutes sortes de manières. A chaque rencontre vous n'êtes plus votre maître ; vous êtes ballottés par les autres, de-ci, de-là.

Tout ce qui est demandé est de cesser immédiatement de laisser votre Soi rechercher quelque chose d'extérieur. Lorsque ceci est fait, vous ne trouvez pas votre Soi différent du Bouddha ou du Patriarche.

Voulez-vous savoir qui est le Bouddha ou le Patriarche ? Il n'est autre que celui qui, en ce moment, se tient juste en face de moi, écoutant mon discours sur le Dharma. Vous n'avez pas foi en lui et de ce fait vous êtes en quête de quelque chose d'autre, quelque part à l'extérieur. Et que trouverez-vous ? Rien que des mots et des noms, quelqu'excellents qu'ils puissent être. Vous n'atteindrez jamais l'esprit mouvant dans le Bouddha ou le Patriarche. Ne faites pas erreur.

Ô Vénérables Seigneurs, ne manquez pas de prendre avantage de la vie présente, dont nous jouissons. Si vous échouez, cette occasion ne se reproduira peut être jamais, aussi longtemps que vous poursuiviez votre transmigration dans les Trois Mondes, assumant une forme d'existence ou une autre, durant des centaines de milliers de *kalpas*. Si vous continuez votre vie de plaisirs, votre incarnation dans le corps d'un âne ou d'une vache est un fait assuré.

Ô pratiquants de la Voie, selon ma vue, je ne vois aucune différence entre moi-même et *Sakyamuni*[5]. Vivant cette vie qui est la mienne aujourd'hui, en réponse à toutes sortes de situations, y a-t-il quelque chose qui me manque ? Sans interruption la lumière émane merveilleusement de mes six sens[6]. Lorsque vous verrez comment est ceci, vous ne serez rien moins que des hommes du *buji*[7] toute votre vie.

---

5. « Sage silencieux du clan Sakya », une épithète du Bouddha.

6. La psychologie bouddhiste compte l'intellect ou la conscience *(manoiijnana)*, cet agent discriminant, comme sixième sens, « la lumière qui émane des six sens » se réfère simplement à leur qualité dynamique, à leur aptitude à répondre.

7. *Buji (wu-shih)* est l'un des termes les plus significatifs dans le vocabulaire du Zen, particulièrement dans celui de la Secte Rinzaï. Ce terme, toutefois, est sujet à de grossiers malentendus de la part de gens ignorant le mode de vie et la sensibilité extrême-orientaux. C'est un mot-clef dans l'enseignement de Rinzaï. Lorsque le Dharma est véritablement, pleinement, et existentiellement (expérimentalement) compris, nous découvrons que rien ne manque dans cette vie telle que nous la vivons. Tout ce dont nous avons besoin est ici avec nous, et en nous. Celui qui en a l'expérience effective est nommé homme de *buji*. Buji est l'un de ces concepts dont on ne peut probablement trouver d'équivalent dans aucune lan-

Ô Vénérables Seigneurs, il n'y a pas de paix dans les Trois Mondes, c'est comme une maison qui brûle. Il n'existe aucun endroit où vous puissiez rester quelque temps. Lorsque le démon de l'impermanence vous visite, il ne fait pas de différences entre l'homme humble et le noble, entre le jeune et le vieux. Sans délai ils sont tous sa proie.

---

gue européenne, parce qu'il ne trouve aucune correspondance dans la structure mentale occidentale. « Non-action » ou « non-faire » peut convenir au *mu-i (wu-wei)* de Lao-Tseu, et « non-esprit » au *mushin (wu-hsin)* d'Eno, mais « non-affaire » ou « non-événement » sonne très étrangement à propos de *buji* de Rinzaï. Le problème avec *buji (ou muji)* est qu'il n'existe pas de mot approprié en français exprimant toutes les idées impliquées dans *ji. Ji (shih)* signifie généralement « affaire », « événement », « propos », « souci », « engagement », etc. Lorsque tout ceci est nié, on rencontre « un homme de *buji* », « un homme sans affaire », ou « quelqu'un à qui rien n'arrive », ou « quelqu'un de non-concerné, indifférent ou désintéressé », ou « quelqu'un à qui rien n'importe », etc. Mais « un homme de *buji* » n'est rien de tout ceci. Il est celui qui détient la juste compréhension du Dharma ou de la Réalité telle qu'elle est décrite dans le sermon ; il exerce une vision existentielle du Soi ; c'est l'individu qui, libéré des contingences extérieures, est maître de soi-même ; c'est un Bouddha et un patriarche. Il lui incombe la vaste mission d'essayer de mener tous ses congénères à un état d'illumination. Il ne peut demeurer insouciant et indifférent aussi longtemps que même un seul être n'est pas émancipé. Il travaille dur, « couvert de cendres et souillé de boue », comme disent les gens du Zen ; c'est réellement l'un des hommes les plus occupés du monde, et pourtant il est « sans affaires », « aucun événement ne lui arrive », il n'est « absolument pas concerné ». Quelle espèce d'homme peut-il être ? Un « aristocrate », selon la terminologie d'Eckhart ; le Zen le nomme « un homme de *buji* ».

Si vous désirez être comme le Bouddha [8] ou le Patriarche, ne cherchez rien d'extérieur. A chaque moment-pensée, l'esprit irradie un rayonnement de pureté absolue.

— Le *Dharmakaya* dans votre corps, il y a un rayonnement de non discrimination [9] ;

— le *Sambhogakaya* dans votre corps, il y a un rayonnement de non différenciation ;

— le *Nirmanakaya* dans votre corps.

Le Triple Corps [10] n'est rien d'autre que votre Soi, qui est en train d'écouter en ce moment mon discours sur le Dharma. Toutes ces activités sont révélées lorsque cesse votre recherche extérieure.

---

8. *Le Bouddha est pourvu d'un triple corps (Trikaya)* : Dharmakaya, le corps du Dharma ; *Samboghakaya*, le corps de jouissance ; *Nirmanakaya*, le corps de transformation. Le triple corps de Rinzaï n'a rien à voir avec celui du Bouddha sinon par sa dénomination. Rinzaï pense que nous pouvons distinguer dans l'activité de notre esprit ces trois aspects du Triple Corps du Bouddha. La pure lumière qui est l'*illumination primordiale* d'Asvaghosa correspond au *Dharmakaya*. La lumière de non-discrimination peut être considérée comme l'aspect *prajna* (sagesse) de l'illumination primordiale, et la lumière de non-différenciation comme son aspect *karuna* (compassion), là où le *Dharmakaya* prend toutes sortes de formes en vue de délivrer tous les êtres de l'ignorance, ainsi que de la peur et de l'insécurité qui l'accompagnent.

9. La non-discrimination intellectuelle, tandis que la non-différenciation est physique ou objective. Je pense que c'est ce que Rinzaï veut dire.

10. *Trikaya* en sanscrit.

Pour les érudits des *sutras* ou *shastras* [11], la doctrine du *Trikaya* n'est rien qu'un mot — juste trois styles de vêtements. »

11. Les *sutras* et les *shastras* sont les textes canoniques et les traités philosophiques élucidant l'enseignement du Bouddha.

AMOUR ET POUVOIR *

Message lu par le Dr D.T. Suzuki dans la Grande Salle de l'Exposition Internationale de Bruxelles le 28 mai 1958, à la Conférence sur la « Défense des valeurs spirituelles dans le monde contemporain ». (N.d.E.)

Jamais dans l'histoire de l'humanité n'y a-t-il eu un besoin plus urgent de guides spirituels et de développement des valeurs spirituelles que dans notre monde contemporain. Nous avons réalisé beaucoup de merveilleux accomplissements au cours de ce siècle et du précédent en vue de faire progresser le bien-être humain. Mais, étrangement, nous semblons avoir oublié que notre bien-être dépend principalement de notre sagesse et de notre discipline spirituelles. Parce que nous ne reconnaissons pas pleinement ce fait, nous voyons le monde d'aujourd'hui imprégné d'une atmosphère putréfiante de haine et de violence, de peur et de trahison. Vraiment, nous œuvrons de toutes nos forces en

* Conférence à Bruxelles (1958).

vue de la destruction mutuelle, que ce soit au plan des individus, des nations, ou des races.

De toutes les valeurs spirituelles que nous puissions concevoir et souhaiter voir advenir aujourd'hui, aucune n'est plus instamment nécessaire que l'amour.

C'est l'amour qui crée la vie. La vie ne peut se maintenir sans amour. J'ai la ferme conviction que la sale, la suffocante atmosphère actuelle de haine et de peur est engendrée par la suppression de l'esprit d'amour et de fraternité universelle. On suffoque, cela va sans dire, parce qu'une vérité n'est pas réalisée : la communauté humaine est le réseau d'interdépendance mutuelle le plus complexe et le plus profond.

L'enseignement moral de l'individualisme avec tous ses corollaires significatifs est très séduisant, mais nous devons nous souvenir que l'individu cesse d'exister lorsqu'il est isolé d'autres individus et coupé du groupe auquel il appartient, que ce groupe soit biologique, politique ou cosmologique. Mathématiquement, le nombre un ne peut en aucune manière être un, être lui-même, s'il n'est relié aux autres nombres, qui sont infinis. L'existence d'un nombre isolé est impensable. Moralement ou spirituellement, cela signifie que l'existence de chaque individu, qu'il soit conscient ou non du fait, doit quelque chose à un réseau s'étendant à l'infini et omni-enveloppant, de relations d'amour, qui n'inclut pas seulement chacun d'entre nous mais tout ce qui existe. Le monde est une grande famille et nous, chacun d'entre nous, en sommes les membres.

Je ne sais pas jusqu'à quel point les données géographiques modèlent la pensée humaine, mais le fait est qu'en Extrême-Orient, au VIIe siècle, s'est développé un système de pensée connu sous le nom d'École Kegon de Philosophie. Le Kegon se fonde sur les idées de fusion réciproque, d'interpénétration, d'interrelation, de non-obstruction mutuelle.

Lorsque cette philosophie de l'interdépendance des phénomènes est correctement comprise, l'amour commence à être réalisé, parce que l'amour consiste à reconnaître les autres et à les prendre en considération dans tous les aspects de la vie. Faire aux autres ce que vous voudriez qu'ils vous fassent est la note dominante de l'amour, et c'est ce qui croît naturellement à partir de la réalisation de l'interrelation mutuelle.

L'idée de relation et de considération mutuelles exclut la notion de pouvoir, car le pouvoir est une notion injectée à l'intérieur d'une structure d'interdépendance. L'utilisation du pouvoir se prête toujours à l'arbitraire, au despotisme, à l'aliénation.

Ce qui nous trouble, dans les temps que nous vivons, n'est autre que l'assertion, exagérée non sans perversité, du concept de pouvoir, par ceux qui échouent à voir sa vraie nature, et dès lors s'avèrent incapables de l'utiliser pour le bénéfice de tous.

L'amour n'est pas un ordre venu d'en-haut, car ceci implique une notion de pouvoir. L'individualisme excessif fait le lit du sentiment du pouvoir, car son égocentrisme l'amène à s'affirmer de façon arrogante, et souvent violente, lorsqu'il sort de lui-même et s'emploie à dominer les autres. L'amour, au contraire, se développe sur le terrain de l'interdépendance mutuelle, à mille lieues de l'égocentrisme et de l'auto-exaltation. Tandis que le pouvoir, superficiellement fort, irrésistible, s'épuise, en réalité, l'amour, passant par la négation de soi, est éternellement créateur, car il est la source de toutes choses. Pour s'exercer, l'amour n'a pas besoin d'un agent extérieur et tout-puissant. L'amour est vie et la vie est amour.

Comme elle est un réseau infiniment compliqué d'interrelations, la vie ne peut être elle-même que soutenue, irriguée par l'amour. En voulant donner forme à la vie, l'amour s'exprime par toutes sortes de modalités d'être. La forme est nécessairement individualiste, et l'intellect discriminant est susceptible de considérer la forme comme une réalité finale ; c'est de là qu'émerge le concept de pouvoir. Lorsque l'intellect développe et poursuit son propre cours, intoxiqué par sa réussite dans le champ utilitaire de l'activité humaine, le pouvoir devient fou et ravage tout alentour.

L'amour est affirmation, affirmation créatrice ; il n'est jamais destructeur ni annihilant, car à la différence du pouvoir il embrasse tout et pardonne tout. L'amour pénètre son objet et devient un avec lui, tandis que le pouvoir, dualiste et discriminant par nature, écrase tout ce qui se dresse en face de lui, ou le conquiert pour en faire son esclave.

Le pouvoir se sert de la science et de tout ce qui lui appartient. Tant que la science reste analytique et incapable de dépasser l'étude de formes infiniment variées de différenciation, en demeurant au stade de la mesure quantitative, elle n'est pas créatrice. Ce qui est créateur est son esprit de recherche, inspiré par l'amour et non par le pouvoir. Lorsque le pouvoir et les sciences coopèrent, cela aboutit toujours à l'invention de désastreuses méthodes destructrices.

L'amour et la créativité sont deux aspects de la même réalité, mais la créativité est souvent séparée de l'amour. Lorsque cette séparation illégitime prend place, la créativité en vient à être associée avec le pouvoir. Le pouvoir appartient réellement à un ordre inférieur à l'amour et à la créativité. Lorsque le pouvoir usurpe la créativité, il devient un très dangereux agent de toutes sortes de nuisances.

Comme on l'a vu plus haut, la notion de pouvoir émerge inévitablement d'une interprétation dualiste de la réalité. Lorsque le dualisme néglige de reconnaître le principe intégrateur qui le sous-tend, son penchant inné à la destruction s'exhibe sans frein ni contrôle.

L'un des exemples les plus flagrants de cet étalage du pouvoir est visible dans l'attitude occidentale envers la nature. En Occident on parle de conquête de la nature et non d'apprivoisement. On escalade un sommet et l'on déclare la montagne vaincue. On envoie un missile dans les cieux et l'on nomme cela la conquête de l'espace. Pourquoi ne dit-on pas que l'on fait plus ample connaissance avec la nature ? Malheureusement, les conceptions belliqueuses envahissent tous les recoins de notre univers, et les gens parlent de « contrôle », « conquête », « conditionnement », et tutti quanti.

La notion de pouvoir exclut les sentiments personnels, mutuels, la gratitude et toute espèce de relation humaine. Quelques bénéfices que nous puissions tirer de l'avancement des sciences, du progrès incessant des technologies, et de l'industrialisation en général, nous ne sommes pas autorisés à y participer universellement parce que le pouvoir est susceptible de les monopoliser au lieu de les distribuer de façon égalitaire parmi nos congénères.

Le pouvoir est toujours arrogant, auto-affirmatif, et exclusif, tandis que l'amour, doux et humble de cœur, comprend tout. Le pouvoir représente la destruction, et même l'autodestruction, à l'inverse de la créativité amoureuse. L'amour meurt et ressuscite, alors que le pouvoir tue et est tué.

Simone Weil, je crois, a défini le pouvoir comme une force qui transforme la personne en chose. Je voudrais définir l'amour comme une force qui transforme la chose en personne. Il se peut alors que l'amour apparaisse comme radicalement opposé au pouvoir, que l'amour et le pouvoir semblent s'exclure mutuellement, de sorte que là où il y a pouvoir il ne puisse y avoir l'ombre d'un amour, et là où existe l'amour ne puisse survenir une once de pouvoir.

Cela est vrai jusqu'à un certain point, mais en vérité l'amour n'est pas réellement opposé au pouvoir ; l'amour appartient à un ordre plus élevé que le pouvoir, et c'est le seul pouvoir qui s'imagine opposé à l'amour. L'amour englobe et pardonne tout ; c'est un solvant universel, un agent infiniment créateur et plein de ressources. Comme le pouvoir est toujours dualiste et donc rigide, empreint d'affirmation de soi, destructeur, et annihilant, il se retourne contre lui-même et s'autodétruit lorsqu'il n'a rien à conquérir. Ceci est dans la nature du pouvoir, et n'est-ce pas ce à quoi nous assistons aujourd'hui, en particulier dans nos affaires internationales ?

C'est le pouvoir qui est aveugle, non l'amour, car le pouvoir échoue terriblement à voir que son existence dépend d'autre chose. Il se refuse à réaliser qu'il ne peut être lui-même qu'en s'alliant à quelque chose qui le dépasse infiniment. En ignorant ce fait, le pouvoir plonge droit dans le puits sans fond de l'autodestruction. La cataracte aveuglante doit être extraite afin que le pouvoir puisse faire l'expérience de l'illumination. Sans cette expérience tout devient irréel sous l'œil myope du pouvoir.

Lorsque le regard échoue à percevoir la réalité telle qu'elle est, c'est-à-dire dans son ainséité, un nuage de peur et de suspicion s'étend sur tout ce qui se présente devant lui ; tout ce qui l'aborde devient suspect, et le pouvoir aspire à le détruire. On laisse libre cours à la suspicion mutuelle, et dès lors aucune somme d'explications ne réduira la tension. Chaque partie recourt à toutes sortes de sophismes et de subterfuges, ce que l'on nomme diplomatie en politique internationale. Mais aussi longtemps qu'il n'y a nulle part ni confiance, ni amour mutuel, ni esprit de réconciliation, aucune diplomatie n'allègera l'intensité de la situation qu'elle a créée par ses propres dispositifs.

Ceux qui sont intoxiqués par le pouvoir ne parviennent pas à percevoir leur propre aveuglement ni leurs œillères. Le pouvoir est alors associé à l'intellect, et s'en sert de toutes sortes de manières.

L'amour, cependant, transcende le pouvoir car, pénétrant au cœur de la réalité, bien au-delà de la finitude de l'intellect, il est l'infinité elle-même. Sans amour on ne peut voir le développement infini du réseau relationnel qui est la réalité. Ou bien, nous pouvons inverser cette proposition et dire que sans le réseau infini de la réalité nous ne pouvons jamais expérimenter l'amour dans sa vraie lumière. L'amour est confiant, toujours positif, il embrasse tout. L'amour est vie, et donc créateur. Il donne vie et dote d'énergie tout ce qu'il touche, lui procurant une nouvelle croissance. Lorsque vous aimez un animal, il devient plus intelligent ; lorsque vous aimez une plante, vous voyez tout ce dont elle a besoin. L'amour n'est jamais aveugle ; c'est le réservoir de lumière infinie.

Aveugle et limité par lui-même, le pouvoir ne peut voir la réalité telle qu'elle est ; dès lors, ce qu'il voit est irréel. Le pouvoir lui-même est irréel et ainsi tout ce qui entre en contact avec lui est-il frappé d'irréalité. Ce pouvoir se déploie seulement dans un monde d'irréalité, aussi devient-il le symbole de l'hypocrisie et de la fausseté.

Pour conclure : réalisons d'abord que nous nous portons bien seulement lorsque nous coopérons, par notre vie, à la vérité de l'interrelation de toutes choses dans l'existence. Mourons alors à la notion de pouvoir et de conquête pour être ressuscités dans l'éternelle créativité de l'amour qui embrasse et pardonne tout.

Lorsque l'amour s'écoule en voyant justement la réalité telle qu'elle est, c'est aussi l'amour qui nous fait sentir que nous — chacun de nous individuellement et tous ensemble collectivement — sommes responsables de tout ce qui, bon ou mauvais, se passe dans notre communauté humaine, et que nous devons donc tâcher d'améliorer ou de supprimer toutes les conditions hostiles à l'avancement universel du bien-être et de la sagesse humains.

LE SYMBOLISME BOUDDHISTE *

Basho, l'un des plus grands poètes de *haiku* [1] dans le Japon du XVIIe siècle, a produit ceci lorsque ses yeux se sont ouverts pour la première fois à la signification poétique et philosophique du *haiku :*

Furuike-ya !
Kawazu tobi-komu
Mizu-no oto !

Oh ! Ancienne mare !
Une grenouille saute,
Le son de l'eau !

Pour un peu qu'il en aille du sens littéraire, ce n'est rien de plus que la constatation d'un simple état de fait. Voici l'ancienne mare, probablement en partie couverte de quelques plantes aquatiques et bordée de buissons et d'herbes sauvages. L'eau claire du printemps, immobile, sereine, reflète les arbres et leur feuillage printanier, vert et frais, d'autant

* Conférence à New York (1954).

1. Petit poème japonais.

plus qu'il vient de pleuvoir. Une petite grenouille verte sort de l'herbe et plonge dans l'eau, donnant naissance à une série de vaguelettes concentriques qui viennent toucher les rives. La petite grenouille qui plonge dans l'eau ne doit pas faire beaucoup de bruit. Mais, lorsque cela se produit dans un environnement calme, cela ne peut passer inaperçu de Basho, qui est selon toute apparence profondément absorbé dans la contemplation de la nature. Quelque faible que le son ait pu être, cela a suffit à l'éveiller de sa méditation. Aussi transcrivit-il dans le *haiku à dix-sept syllabes* ce qui traversa sa conscience.

Maintenant la question est : Quelle fut, à ce moment, l'expérience du poète Basho ?

En ce qui concerne le *haiku,* cela ne dépasse pas l'affirmation factuelle du phénomène dont il était le témoin. Il n'y a aucune référence à ce que l'on pourrait nommer l'aspect subjectif de l'incident, sinon la petite particule *ya.* Certes la présence de *ya* est le mot-clef de toute la composition. Avec elle le *haiku* cesse d'être une description objective du plongeon de la grenouille dans la vieille mare et le son de l'eau.

Tant que la vieille mare demeure le réservoir d'une certaine quantité d'eau reflétant tranquillement les choses autour d'elle, il n'y a pas de vie en elle. Pour qu'elle s'affirme comme réalité, un son doit en provenir ; une grenouille bondit dans l'eau, la vieille mare se montre dynamique, pleine de vitalité, chargée de sens pour nous autres êtres sensibles. Elle devient un objet d'intérêt, de valeur.

Mais il est une importante observation que nous devons faire ; la valeur de la vieille mare pour

Basho, le poète et voyant (ou mystique) ne provenait d'aucune source particulière extérieure à la mare mais de la mare elle-même. Il vaudrait peut-être mieux dire : la mare est la valeur. La mare ne devint pas significative pour Basho parce qu'il avait découvert de la valeur dans la relation avec la mare, excepté la mare comme mare.

En d'autres termes, le plongeon de la grenouille dans la mare, l'éclaboussement et le bruit dont elle est la cause, fut l'occasion — intellectuellement, en parlant de façon dualiste ou objective — de faire réaliser à Basho qu'il était la mare et que la mare était lui et que, quelque valeur qu'il y ait à cette identification, la valeur n'était autre que l'identification elle-même. Il n'y avait rien d'ajouté au fait, lui-même.

Lorsqu'il reconnut le fait, le fait lui-même devint significatif. Rien n'y était ajouté, la mare était une mare, la grenouille une grenouille, l'eau était l'eau. Les objets demeuraient les mêmes. Non, mieux vaut exprimer les idées de cette manière : absolument aucun monde soi-disant objectif n'existait avec ses grenouilles, mares, etc. jusqu'à ce qu'un jour une personne nommée Basho n'entrât soudain en scène et n'entendît « le son de l'eau ». La scène était jusque-là vraiment dépourvue d'existence. Lorsque sa valeur fut reconnue par Basho, ce fut pour lui le début de la création d'un monde objectif. Avant cela, la vieille mare était comme dépourvue d'existence. Ce n'était qu'un rêve ; elle n'avait aucune réalité. C'est lorsque Basho entendit la grenouille que le monde entier, y compris le poète lui-même, jaillit du Rien, *ex nihilo*.

Il existe encore une autre manière de décrire l'expérience de Basho et la naissance d'un monde objectif.

A ce moment n'existait aucune participation, de la part de Basho, dans la vie de la vieille mare ou de la petite grenouille verte. Sujet et objet étaient totalement annihilés. Et pourtant la mare était la mare, Basho était Basho, la grenouille, la grenouille ; ils demeuraient comme ils étaient, ou comme ils l'avaient été depuis un passé immémorial. Et pourtant Basho n'était autre que la mare quand il regardait la mare ; Basho ne fut autre que la grenouille lorsqu'il entendit le son de l'eau causé par son plongeon. Plongeon, son, grenouille, mare, et Basho étaient tout en un et un en tout. Il y eut une totalité absolue, c'est-à-dire une identité absolue, ou, pour utiliser la terminologie bouddhiste, un état parfait de vide *(sunyata)* ou d'ainséité *(tathatha)*. Les intellectuels ou les logiciens peuvent déclarer que tous ces différents objets de la nature sont des symboles, en ce qui concerne Basho, dotés de la plus haute valeur de réalité. Que ceci ne soit pas le point de vue que j'ai essayé d'exposer est, je le crois, tout à fait évident.

Pourquoi Basho s'exclama-t-il « *Furuike-ya !* », « Oh ! Ancienne mare ! » ? Quelle signification ce « *ya* », correspondant au français, « Oh ! » dans ce cas, prend-il par rapport au reste du *haiku ?* La particule a la force de se singulariser, sur fond d'ancienne mare, du reste des objets ou des événements, et d'en faire le terme de référence. De cette manière, lorsque la mare est mentionnée, non seulement la série d'événements mentionnés dans le *haiku,* mais aussi une totalité infinie, inexhaustible de phénomènes composant l'univers humain de l'existence se présente à l'esprit. L'ancienne mare de Basho est le *Dharmadhatu* dans le système Kegon de philosophie bouddhiste. La vieille mare contient le cosmos tout entier et le cosmos entier demeure à l'abri dans la mare.

Cette idée peut-être illustrée par une série indéfinie de nombres entiers. Lorsque nous élisons l'un de ces nombres, par exemple 5, nous savons que c'est 1 répété un certain nombre de fois, que cette répétition n'est pas mécanique, mais liée organiquement, et par suite que la série est un tout organique uni de manière si proche et si organique que l'un des nombres viendrait-il à manquer, la série tout entière cesserait d'être une série (ou un groupe) et, par conséquent, que chaque unité représente ou symbolise l'ensemble.

Prenez le nombre 5. 5 n'est pas que 5. Il est relié organiquement au reste de la série. 5 est 5 parce qu'il est relié à tous les autres nombres comme des unités et aussi aux séries comme un tout. Sans ce 5 le tout n'est plus un tout, pas plus que les autres unités (6, 4, 7, 8, etc.) ne peuvent être considérées comme appartenant à la série. 5 ne contient donc pas seulement tout le reste des nombres de la série infinie, mais il est aussi la série elle-même. C'est dans ce sens que la philosophie bouddhiste dit que tout est un et qu'un est tout, ou que l'un est le multiple, et le multiple l'un.

Le *haiku* de l' « ancienne mare » de Basho devient peut-être maintenant plus intelligible. L'ancienne mare avec la grenouille qui y bondit et produit un son qui atteint les limites du monde, pas seulement spatialement mais aussi temporellement, est dans le *haiku* comme ne peuvent l'être en aucune manière les mares ordinaires que l'on peut voir partout au Japon, et de même la grenouille n'est pas l'habituelle « grenouille verte » printanière. Pour l'auteur du haiku « je » suis l'ancienne mare, « je » suis la grenouille, « je » suis le son, « je » suis la réalité elle-même incluant toutes ces unités séparées de l'existence. Basho, à ce moment d'exaltation spirituelle est l'univers lui-même, il est Dieu lui-même, Celui qui a dit « Que la lumière soit ». Le *fiat lux* correspond au « son de l'eau », car c'est à partir de ce « son » que le monde entier prend son essor.

S'il en est ainsi, considérerons-nous l' « ancienne mare », le son de l'eau ou le bond de la grenouille comme un symbole de l'ultime réalité ? Dans la philosophie bouddhiste, il n'y a rien derrière la vieille mare, car elle est complète en soi et ne se réfère à rien d'extérieur à elle-même. La vieille mare (ou l'eau, ou la grenouille) elle-même est la réalité.

Si l'ancienne mare doit être qualifiée de symbole parce que c'est un objet des sens, intellectuellement parlant, alors la grenouille est un symbole, le son est un symbole, Basho est un symbole, le stylo avec lequel j'écris ceci est un symbole, l'écrivain est un symbole et le monde entier est un symbole, comprenant ce que nous désignons par « réalité ». Le symbolisme peut ainsi continuer indéfiniment.

Le symbolisme bouddhiste déclarerait alors que tout est symbolique, porteur de signification, de valeur propre ; chaque phénomène existe de son propre droit, n'indiquant d'autre réalité que soi-même. Les oiseaux du ciel et les fleurs des champs sont la gloire divine elle-même. Ils n'existent pas grâce à Dieu. Dieu lui-même ne peut exister sans eux, si l'on suppose que Dieu existe quelque part.

Un vieil érudit chinois dit un jour à un maître Zen : « Tchouang-Tseu annonce que le ciel et la terre sont un cheval, et que les dix mille choses sont un seul doigt ; n'est-ce pas une remarque merveilleuse ? » Le maître sans répondre à ceci pointa son doigt vers une fleur dans la cour et dit : « Les gens du monde voient la fleur comme dans un rêve ».

Le bouddhisme Zen évite la généralisation et l'abstraction. Lorsque nous disons que le monde entier est un seul doigt ou que le Mont Sumeru danse au bout d'un poil, c'est une abstraction. Il vaut mieux dire avec l'ancien maître Zen que nous échouons à voir la fleur telle qu'elle est, car nous la voyons comme dans un rêve. Nous voyons la fleur comme un symbole et non comme la réalité elle-même. Pour les bouddhistes, exister est signifier. Existence et sens sont un et non séparables ; la séparation ou la bifurcation provient de l'intellect, et l'intellect distord l'ainséité des choses.

Un autre *haiku* donne l'idée bouddhiste de la symbolisation. Il fut composé par une poétesse du XIXe siècle. Il va ainsi :

Asagao-ya !
Tsurube torarete
Morai mi zu

Oh ! Le liseron !
Le seau capturé,
Je mendie de l'eau.

Lorsque cette femme, tôt le matin, alla chercher de l'eau dans les environs propices, elle trouva le seau entrelacé à un liseron en fleur. Elle fut si profondément impressionnée par la beauté de la fleur qu'elle oublia tout de sa mission. Elle se tint simplement devant ce spectacle. Lorsqu'elle revint de ce choc, ou de cette transe, comme on voudra l'appeler, les seuls mots qu'elle put prononcer furent : « Oh ! le liseron ! » Elle ne décrivait pas la fleur. Elle s'exclama simplement comme elle le fit. Elle ne fit aucune allusion à sa beauté, à sa beauté éthérée, montrant à quel point elle était impressionnée. Elle était, en fait, transportée ; elle était la fleur et la fleur était elle. Elles étaient tellement une qu'elle perdit son identité. C'est seulement lorsqu'elle s'éveilla de l'identité inconsciente qu'elle réalisa qu'elle était la fleur elle-même, ou plutôt la Beauté elle-même. Si elle avait été la poétesse en train d'admirer la fleur, elle ne se serait jamais exclamée : « Oh ! le liseron ! ». Mais dès qu'elle reprit conscience, tout ce qui accompagne la conscience s'ensuivit inévitablement, et elle se souvint soudain qu'elle était au puits parce qu'elle voulait de l'eau pour son travail du matin. D'où les deux lignes suivantes :

Le seau capturé,
Je mendie de l'eau.

On peut noter que la poétesse ne chercha pas à défaire le liseron. Si elle l'avait voulu, elle aurait pu le faire facilement, car le liseron se prête aisément à cette opération sans être blessé. Mais évidemment elle n'avait aucun désir de toucher la fleur avec ses mains terrestres. Elle sentit amoureusement la fleur telle qu'elle était. Et elle alla voir sa voisine pour quérir de l'eau. Elle dit que le seau fut captuté par la fleur. Il est remarquable qu'elle ne fasse absolument aucune référence à sa contemplation de la beauté transcendantale des choses qu'elle a sous les yeux. Sa tendresse, sa passivité féminines la firent parler de l'emprisonnement du seau.

Ici encore nous voyons qu'il n'y a pas de symbolisme, car pour la poétesse le liseron ne symbolise pas la beauté ; il est la beauté elle-même ; il n'indique ni beauté ni valeur ; il est la valeur lui-même. Il n'y a aucune valeur à rechercher en-dehors du liseron. La beauté n'est pas concevable au-delà de la fleur. Ce n'est pas une simple idée qui doive être symbolisée ou concrétisée dans le liseron. Le liseron est l'ensemble. La poétesse ne parvient pas à la beauté à travers ou moyennant ce que nos sens et notre intellect distinguent comme objets individuels. La poétesse ne connaît d'autre beauté que le liseron à côté duquel elle se tient. La fleur est la beauté elle-même ; la poétesse est la beauté elle-même. La beauté reconnaît la beauté, la beauté se trouve dans la beauté. C'est à cause des cinq sens et de l'intellect que nous devons dissocier la beauté et dire que quelqu'un voit un tel objet. Tant que nous nous accrochons à cette façon de penser, il y a symbolisme. Mais la philosophie bouddhiste exige que l'on ne soit pas aveuglé par les prétendus objets des sens, car ils nous éloigneront toujours de la réalité elle-même.

Nous voyons donc qu'il y a quelque chose qui correspond dans le bouddhisme à ce qui est ordinairement considéré comme le symbolisme. Le bouddhisme est, pour ainsi dire, complètement réaliste, en ce sens qu'il peut distinguer n'importe quel objet comme symbole. Mais les bouddhistes diraient que, si quelque chose doit être distingué comme symbole porteur d'une valeur spécifique, cette valeur n'a rien de réaliste. Car un tel objet ne peut être spécifiquement distinguable. Si chaque chose est un symbole, toute chose l'est aussi, mettant ainsi un terme au symbolisme.

Dans la philosophie bouddhiste, on peut considérer que le terme de symbole est porteur d'une connotation différente de ce que les philosophes comprennent généralement par ce mot.

IGNORANCE ET FRATERNITÉ MONDIALE *

I

Selon l'enseignement fondamental du bouddhisme tel qu'il est accepté par tous les bouddhistes, dans le Hinayana et le Mahayana, le karma provient de l'ignorance. Dans la chaîne des douze causes nous avons *samskara* au lieu de karma ; mais les deux termes sont dérivés de la même racine *kri*, qui signifie « faire », « agir » ou « travailler », et équivaut pratiquement au mot français « action ». Dire que l'action provient de l'ignorance, ou que l'action dépend de l'ignorance signifie que le monde où nous vivons et menons nos affaires est le produit de l'ignorance. Car le monde est notre karma, ou le monde est la scène où le karma accomplit sa destinée.

L'ignorance est un terme épistémologique et le karma est doté d'une signification morale. Ces

---

* Conférence de Londres, congrès mondial des religions.

termes appartiennent à deux différentes sphères mentales et l'on peut se demander comment il est possible que l'une provienne de l'autre. Dans le bouddhisme, cependant, l'ignorance a une connotation plus fondamentale, et désigne l'éveil de l'intellect lui-même. Cet éveil est un acte, et l'on peut affirmer que l'ignorance est karma et le karma, ignorance ; il n'est pas, à proprement parler, tout à fait juste d'établir une relation causale entre les deux termes, ils sont simplement deux aspects du même fait. Mais, à cause de la tendance intellectuelle générale du bouddhisme, l'ignorance est mentionnée d'abord, comme si le karma en était dépendant. Dans notre vie pratique, là où il y a ignorance il y a karma et vice versa. Ils ne peuvent être séparés. En comprenant ce qu'ils signifient exactement, on a un aperçu de la conception bouddhiste du monde et de la vie. Le but de la discipline bouddhiste est de vaincre l'ignorance, ce qui est aussi se libérer du karma, et de toutes ses conséquences.

Alors, que voulons-nous dire par : « Le monde est ignorance et karma » ? Cela signifie que le monde commence par la discrimination, car la discrimination est ignorance et commencement du dualisme — des dualismes de toutes sortes. Avant que n'opérât la discrimination, il n'y avait pas d'ignorance, mais dès que nous avons commencé à discriminer entre ce qui connaît et ce qui est connu, entre *noesis* et *noema,* l'ombre de l'ignorance a couvert le champ entier de la connaissance. La connaissance est dès lors toujours accompagnée par l'ignorance. De ce moment, nous avons été profondément imprégnés de dualisme, en toute méconnaissance de ce qui le sous-tend. La plupart des gens pensent que le dualisme est ultime, que le sujet se tient toujours en face de l'objet, et vice versa, qu'aucun pont, aucune médiation ne traversent l'espace entre les deux concepts opposés, et que ce monde d'oppositions demeure inchangé en tant que tel, c'est-à-dire engagé dans un éternel combat. Mais cette manière de penser n'est ni très juste ni très logique, selon la philosophie bouddhiste ; car l'antithèse absolue dans laquelle « A » s'oppose à « non-A » n'est possible que s'il existe un troisième concept, qui relierait les deux premiers. Lorsque ce troisième concept n'est pas reconnu, il y a ignorance. Et nous devons nous souvenir que cette reconnaissance est plus que simplement épistémologique.

La non-discrimination sous-tend la discrimination d'une antithèse. Tant que l'on n'a pas l'intuition de cette non-discrimination, l'ignorance demeure et projette son ombre sur la vie. Être enfermé dans les nuages de l'ignorance signifie accepter le karma comme la puissance dominante de l'existence. Nous sommes souvent terrifiés par le karma ; nous nous soumettons à la domination de la matière ; nous ne sommes plus un agent voulant et agissant librement, mais un élément d'une grande machine dont nous ignorons entièrement le mécanisme interne ; nous bougeons comme des feuilles mortes balayées par le vent d'automne.

Mais comment est-il possible de s'élever au-dessus de l'ignorance, de se libérer de la matière karmique et d'avoir un aperçu du monde de la non-discrimination ? Réaliser cela signifierait se débarrasser du monde, ce qui équivaudrait à un suicide. Si l'ignorance ne peut être transcendée que par la mort, à quoi bon, demandera-t-on, la transcender ? Restons ignorants et continuons à souffrir, conclurons-nous sans doute. Mais cette conclusion n'apporte ni consolation ni bonheur, seulement le plus profond désespoir ; et c'est exactement ce que nous voulions initialement surmonter.

II

Le monde dans lequel nous nous trouvons exister est, comme je l'ai dit, le produit de l'ignorance, c'est-à-dire de la discrimination d'où provient le karma. En effet, le karma n'est possible que lorsque existe la dualité sujet/objet dans leur relation mutuelle, et que le sujet est conscient, conscient de ce qu'il fait. S'il était inconscient, il n'y aurait pas de karma, et donc pas ce monde où nous vivons. Les montagnes s'élancent vers le ciel, les océans sont agités par les vagues, le vent souffle sur les arbres, et les oiseaux chantent dans le matin de printemps. Avec tous ces phénomènes multiples, le monde n'est pas notre propre monde ; c'est peut-être celui des minéraux, des eaux, des arbres, des animaux, et même des dieux, mais pas un monde humain. Il y a quantité de mouvements, mais rien de tel que ce que l'on nomme karma, c'est-à-dire des mouvements dotés de signification morale et religieuse.

Lorsque la conscience n'était pas encore éveillée, le monde était dépourvu de signification ; il était dépourvu de valeur intellectuelle, morale, esthétique, bref de karma. Avec le surgissement de la conscience, il y a discrimination et l'ignorance accompagne la discrimination ; car la discrimination est biface, avec un côté tranchant et l'autre non. Elle est comme un miroir ; sa surface brillante reflète tout ce qui survient, mais l'envers est terne. Ou bien c'est comme le soleil : c'est lorsqu'il est le plus brillant que l'ombre est la plus sombre. L'apparition de la conscience dans le monde signifie la création d'un environnement objectif, face à un esprit subjectif qui en reçoit des impressions. Superficiellement, tout est maintenant bien défini et clarifié, mais il y a toujours un sombre nuage d'ignorance sur l'horizon de la conscience. Tant que ce nuage n'est pas balayé d'une manière ou d'une autre, le karma semble menaçant, et nous ne pouvons trouver la part de l'esprit. Nous devons de quelque manière être illuminés complètement, le karma assombrissant doit être compris et par là surmonté.

Mais est-ce possible ? L'illumination ne signifie-t-elle pas la négation du monde ? La mort n'est-elle pas l'issue du processus entier ? La mort et le *nirvana* ne sont-ils pas synonymes ?

III

En bref, il y a deux façons de disperser l'ignorance et d'atteindre l'illumination. La première est négative, et la seconde positive. La manière négative consiste à nier le monde, à s'en évader, à réaliser la condition d'arhat, à entrer dans le *nirvana*, à rêver du paradis, à renaître dans la Terre Occidentale du Bonheur. La voie positive consiste à affirmer le monde, à le combattre, à s'y mêler, à passer par la naissance et la mort, à affronter toutes sortes de tribulations, sans vaciller face aux menaces et aux horreurs. La première voie a été empruntée par de nombreux religieux, la seconde par les gens du monde — les hommes d'action, c'est-à-dire, les hommes d'affaires, les hommes d'État, les guerriers. Mais les gens de cette catégorie sont plus profondément impliqués dans l'ignorance, dans l'affirmation de passions égotistes, et loin de l'illumination quant à la signification de l'existence. Il n'en est pas moins vrai pour autant qu'il s'en trouve, parmi eux, un certain nombre qui furent réellement illuminés, maîtres d'eux-mêmes aussi bien que du monde.

La voie négative est comparativement plus facile, mais elle a quelque chose d'illogique et d'asocial. Si le monde provient de la discrimination et si la discrimination mène à l'illumination, qui disperse l'ignorance, le monde avec tous ses maux — quel que soit le sens que l'on donne à ce terme — doit être accepté. Si cela n'est pas fait, nous sommes amenés à rêver d'un paradis où règnent l'uniformité absolue et l'inactivité. Le paradis est la mort de tout ce qui compose ce monde. Il ne peut y avoir aucune vie communautaire en son sein, car il n'y a pas de conflit au Ciel, alors qu'un être conscient a besoin du conflit pour se sentir exister et percevoir l'existence d'autrui. Tant que la discrimination est la base de notre vie consciente, nous ne pouvons logiquement échapper au monde.

Pour cette raison, la conception d'une vie éternelle au sens d'une vie au-delà de la naissance et de la mort est intenable. La vie signifie la lutte de la naissance et de la mort. Il ne peut y avoir de vie là où il n'y a pas de mort. L'immortalité n'est pas un concept logique. Ce n'est qu'un rêve. L'existence est un vêtement tissé de naissance et de mort. Dès notre naissance, nous sommes destinés à mourir, en fait chaque moment constitue une succession constante de naissance et de mort, de mort et de naissance. Chercher l'illumination est réellement une erreur. La voie négative n'est pas, somme toute, la solution de la vie.

La solution bouddhiste du problème de la vie est positive. Le bouddhisme accepte la vie telle qu'elle est, il affronte son dualisme, ses maux, ses combats, ses souffrances, en fait tout ce qui la compose. La vie est le karma qui est le fruit de la discrimination, et on n'échappe pas à ce karma pour autant que la discrimination est à la base de tout ce qui compose le monde et la vie. S'échapper est suicidaire, mais le suicide est aussi un karma, qui porte son fruit, la renaissance dans un monde de souffrance.

L'illumination doit provenir de la reconnaissance réelle de la signification de la naissance et de la mort, et donc du dépassement de leur dualisme. L'ignorance consiste à considérer le dualisme comme ultime et à s'y cramponner comme à la base de notre vie commune. Ceci débouche logiquement sur l'égotisme et tous les maux qui en découlent. Le bouddhisme nous demande de percevoir ce qui sous-tend toutes les formes de dualisme et donc de ne pas nous y attacher comme à des données irréductiblement finales.

IV

Qu'est-ce qui « sous-tend » l'un et le multiple, la naissance et la mort, vous et moi, ce qui est et ce qui n'est pas ? « Sous-tend » n'est pas très juste, car cela suggère une opposition entre ce qui est dessus et ce qui est dessous — ce qui est un nouveau dualisme — et, à continuer comme cela, nous nous engageons dans une régression infinie. Selon le bouddhisme, le troisième terme est dénommé *sunyata,* le vide. Tous les opposés en proviennent, y retournent, y coexistent.

Sunyata est susceptible d'être mal compris par ceux dont les soi-disant esprits logiques échouent à concevoir quoi que ce soit au-delà de la relativité. *Sunyata* est posé contre la réalité et compris comme la non-réalité, le rien ou le vide. Je parle généralement de vacuité ou vide.

Sunyata n'est pas l'Absolu au sens habituel, lorsque l'Absolu est considéré comme quelque chose de consistant. Un tel Absolu est vraiment non-existant, car il n'y a rien dans ce monde qui soit absolument séparable du reste. Si une telle chose existait, nous n'aurions rien à en faire.

Sunyata n'est pas Dieu, car *sunyata* n'est pas personnel, ni impersonnel. Ou s'il est personnel, sa personnalité doit être infiniment différente de ce que nous concevons généralement comme personnalité. Pour autant que les êtres humains surgissent de *sunyata,* il peut être considéré comme personnel et conscient dans cette mesure. Mais ce serait une grave erreur que de chercher à trouver quelque parallélisme entre la personnalité humaine et celle de *sunyata.*

Sunyata ne peut être conçu de façon athée, ni panthéiste, ni acosmique. Le bouddhisme qui présente le concept de *sunyata* n'est donc pas une religion sans rien, il n'est pas non plus un panthéisme, à la différence de ce que certains croient, de manière encore plus incorrecte. Ce n'est pas non plus un a-cosmisme.

Sunyata est quelquefois identifié à l'Universel qui est vraiment non-existant. Dépourvu de tout contenu, l'Universel est un simple concept logique et ne peut être opératoire dans le monde des phénomènes.

V

La relation de *sunyata* au dualisme de l'existence sera illustrée par deux *mondo* zen.

Un moine vint voir Tozan (T'ung-Shan, 807-859) et lui demanda : « Le froid et le chaud vont et viennent alternativement, comment leur échapper ? » La question avait la même visée que « Comment transcender le dualisme de la naissance et de la mort, de l'être et du non-être ? » En termes chrétiens on pourrait dire : « Comment parvenir à la vie éternelle ? » Comme le Zen ne suit pas une méthode d'enseignement abstraite, conceptuelle, il est toujours en prise avec des faits concrets de l'existence.

Le maître répondit : « Pourquoi ne pas aller là où il n'y a ni chaud ni froid ? ». Ceci peut suggérer l'idée que le Bouddhisme recommande l'évasion hors du monde, ou sa négation. Apparemment, c'est le cas, si nous n'allons pas plus loin que la simple déclaration du maître. Mais, écoutez ce qui suit. Le moine demanda : « Quel est cet endroit où il n'y a ni chaud ni froid ? » Le questionneur envisageait la réponse du maître comme nous le ferions généralement, c'est-à-dire au plan de la transcendance absolue. Toutefois, le maître dit : « Lorsque vient la saison froide, nous avons tous froid ; lorsque vient la saison chaude, nous avons tous chaud. » C'est là que ni le froid ni le chaud ne nous troublent.

La signification réelle de la réponse de Tozan est que là où nous ressentons le froid ou la chaleur, c'est justement là où n'existent ni chaud ni froid. C'est une parole paradoxale, mais la vérité ultime de toute religion est paradoxale, et il n'existe aucun moyen de l'éviter tant que nous adhérons à la logique formelle. Pour traduire l'idée dans la terminologie bouddhiste classique, *sunyata* peut être trouvé au lieu même de la naissance et de la mort, ou plus directement *sunyata* est la naissance et la mort, et la naissance et la mort sont *sunyata.* Elles ne sont pourtant pas identiques. *Sunyata* est *sunyata,* la naissance et la mort est la naissance et la mort. Nous devons conserver cette distinction si nous désirons appréhender clairement le fait lui-même.

La même question fut posée à Sozan (T'sang-Shan, 840-901), le disciple de Tozan : « La saison chaude est à son maximum, comment y échapper ? » L'expérience de la douleur est universelle, et toute religion part du pessimisme car, sans l'expérience de la douleur sous une forme ou une autre, il n'y aura pas de réflexion sur la vie, et sans réflexion pas de religion. La réponse de Sozan fut : « Échappez-vous dans les eaux bouillonnantes, dans un brasier ardent. » L'avis du maître Zen revient à mettre de l'huile sur le feu ; au lieu d'être une évasion dans le sens ordinaire du mot, c'est une aggravation de la souffrance, son exacerbation ; et, s'il n'y a aucune atténuation de la douleur, où est l'issue que nous cherchons si sérieusement ?

Le moine n'en est pas resté là et, cherchant à aller au fond des choses, il demanda : « Comment échapper aux eaux bouillonnantes et à la fournaise ? ». Ce point peut être difficile à comprendre, mais il signifie ceci. Lorsque la vie est acceptée, avec toutes ses peines et tous ses maux, où est notre salut ? Le Ciel a été créé à cet effet, et si nous allons en Enfer comme nous le conseille Sozan, à quoi bon chercher une issue, ou le salut ? D'où la deuxième question du moine. La réponse du maître fut : « Aucune souffrance ne vous harassera plus. »

Lorsque la pensée est divisée de façon dualiste, elle cherche à privilégier l'un aux dépens de l'autre, mais comme le dualisme est la condition véritable de la pensée, il est impossible à la pensée de s'élever au-dessus de sa propre condition. La seule manière d'y parvenir est d'accepter carrément le dualisme, et de ne plus y penser. Lorsque vous devez souffrir pour une raison ou une autre, vous souffrez, c'est tout, sans y penser. Car, expérimentant de la sorte ce qui vous arrive, vous expérimentez *sunyata,* dans lequel il n'y a ni dualisme, ni monisme, ni transcendantalisme. C'est ce que signifie la déclaration qui constitue l'enseignement fondamental de la *prajna paramita* selon laquelle « lorsque je vous parle ainsi, il n'y a ni parole ni audition, il n'y a personne qui parle, et aucune audience » : ce qui est *sunyata.*

Cette conception de *sunyata,* en relation avec un univers dualiste ou pluraliste, est exprimée dans la philosophie bouddhiste par la formule : *Byodo en Shabetsu et shabetsu en byodo. Byodo* signifie littéralement « identité et égalité », et *shabetsu* « particularité ou multiplicité ». Mais il vaut mieux considérer que *byodo* = *sunyata* = « ce qui sous-tend les existences pluralistes », ou « ce dont procède, et ce à quoi retourne l'existence individuelle ». Dans un univers conditionné de manière dualiste, les individus demeurent des individus ; ils ne sont pas identiques au sens où vous êtes moi et moi vous, car vous et moi sommes antithétiques, et notre fusion réciproque est la fin du monde. Mais cela ne signifie pas qu'il n'y ait aucun pont entre les deux termes, car, s'il n'y en n'avait pas, il n'y aurait aucune relation, aucune existence commune. Cette condition existentielle discrète et pourtant continue est décrite par les philosophes bouddhistes comme « *Byodo en shabetsu et shabetsu en byodo* », ou bien « *Byodo soku shabetsu et shabetsu soku byodo* ». *Soku* est une copule indiquant l'égalité ou l'identité.

VI

Ainsi, les Bouddhistes acceptent sans détour ce monde pluriel avec toute sa complexité morale et intellectuelle. Ils nous conseillent de ne pas essayer de nous en échapper, car cela est impossible, où que nous allions notre ombre nous suit. Un moine demanda à un maître : « Comment est-il possible de s'échapper du triple monde ? » Le triple monde du désir, de la forme et de la non-forme est le lieu où nous avons l'existence et vivons nos vies. Notre tentative d'y échapper pour trouver ailleurs un royaume de félicité ressemble à l'attitude d'un fou qui chercherait sa tête. Lorsqu'un moine demanda au fondateur de *Myoshinji* de l'aider à sortir du cycle de naissance et de mort, le fondateur rugit : « Ici il n'y a ni naissance ni mort. » Cette réponse n'a aucune visée négative, elle souligne en dernière instance la même notion qui fut désignée par les autres maîtres.

Une fois la conscience éveillée, la discrimination s'ensuit inévitablement et l'autre face de la discrimination est l'ignorance. L'ignorance obscurcit notre existence tant qu'elle gouverne le monde, tant que nous sommes incapables de voir au-delà d'un monde de dualités, et donc pluriel. Bref, si nous considérons comme une fin cette existence fondée dans le dualisme, et abandonnons la notion médiatrice de *shunyata,* d'où surgissent et où retournent les phénomènes individuels, et par laquelle ils entrent en interrelation, alors nous devenons incurablement des matérialistes grossiers ou des idéalistes rêveurs. L'ignorance n'est dissipée que lorsque nous avons la perception de *shunyata.*

L'illumination peut sembler plus ou moins intellectuelle, mais en fait elle illumine la vie elle-même, et tout ce qui constitue l'existence est lavé de ses souillures. L'amour brille maintenant dans sa véritable existence. Bien que les différences soient reconnues et acceptées, elles cessent de conditionner des sentiments antagonistes — et il en est ainsi de notre point de vue illuminé. La fraternité devient réalité : l'un l'idéal du Bodhisattva.

La condition d'Arhat, qui a été considérée dans le Bouddhisme comme l'état humain suprême, n'est plus prônée inconditionnellement par les tenants du Bouddhisme Mahayana. Reconnaissant le rôle dominant du monde matériel dans le bien-être de tous les êtres, ils veulent sauver les êtres de toutes les formes de misère, matérielle et spirituelle, et sont même disposés à sacrifier leur propre bien-être à celui d'autrui. Ils disposent de ressources infinies pour mener à bien leurs impulsions altruistes, ils utilisent tous les moyens possibles pour atteindre leur objectif — l'œuvre du salut universel.

VII

Dans le Sutra de Kwannon, Kwannon est susceptible de s'incarner de trente-trois manières différentes pour réaliser son amour envers tous les êtres. Selon le Bouddhisme Mahayana, tous les êtres illuminés sont autant d'émanations de Kwannon, et peuvent se manifester en autant de formes corporelles qu'il est nécessaire. Kwannon est parfois représenté avec onze têtes et mille bras. Onze, dix plus un, symbolise l'infini, car Kwannon est infiniment capable de remarquer les êtres nécessitant son aide ; le millier de bras indique l'extraordinaire masse de possibilités dont dispose Kwannon pour mener à bien sa mission salvatrice.

Il peut n'être pas déplacé d'évoquer à cet égard certains aspects de l'activité compatissante de Kwannon, comme de tout Bodhisattva. L'amour ne signifie pas toujours ici l'amitié apparente, car il peut fréquemment prendre la forme de la haine ou d'un sentiment hostile. Les conditions dans lesquelles le sujet peut se trouver sont parfois extérieurement défavorables, au moins du point de vue d'un jugement humain. Elles peuvent même paraître hautement menaçantes et destructrices. Le Bodhisattva peut parfois lui apparaître sous la forme d'un objet inanimé — rocher, morceau de bois, etc. qui, de façon très mystérieuse, lui offre la possibilité de voir dans les sources secrètes de la réalité.

VIII

La religion a souvent eu tendance à négliger dans le passé les aspects matériels de l'existence. Elle a trop mis l'accent sur son aspect spirituel, alors que l'aspect et la matière sont liés si intimement que l'un ne peut aller sans l'autre. Depuis la révolution scientifique, l'émergence de l'ère industrielle et du capitalisme, la matière s'est affirmée aux dépens de l'esprit et la religion qui était l'amie de l'esprit est en train de perdre son pouvoir sur l'humanité. En face de nations modernes et militarisées, prêtes à s'entre-massacrer, la religion est complètement impuissante. La fraternité spirituelle est étroitement liée à la fraternité matérielle, ne l'oublions pas.

La fraternité est ressentie aussi bien matériellement que spirituellement. L'esprit tend souvent vers l'individualisme, et la matière vers le regroupement. La matière nous est commune, sur ce fonds nous exerçons notre puissance spirituelle, et sentons notre propre existence. La matière résiste à notre approche, de cette manière nous prenons conscience de nous-même, c'est-à-dire de notre propre spiritualité. Sous cet angle, la matière est notre amie pas notre ennemie. Quelque résistance qu'elle offre, c'est pour nous aider à être plus fort spirituellement. Lorsque la matière est attaquée avec un sentiment antagoniste, ce sentiment réagit sur nous et, au lieu de renforcer réellement l'esprit, il le rend amer et le charge de haine.

La matière a, jusqu'à maintenant, été rabaissée, et elle se venge contre l'esprit — c'est une manière d'expliquer l'agitation actuelle du monde. La matière réclame à juste titre d'être traitée plus amicalement.

Du point de vue bouddhiste, il n'est pas juste de séparer l'esprit et la matière en les considérant comme fondamentalement irréductibles l'un à l'autre. Du fait de notre discrimination intellectuelle, nous en sommes venus à épouser le dualisme et donc l'antagonisme de la matière et de l'esprit. A partir de cette séparation, qui est le produit de l'ignorance, le monde ne connaît aucun repos, aucune paix. En ce qui concerne l'enseignement bouddhiste, cela prend fin avec l'effacement de l'ignorance.

Quant à la gestion du prétendu monde matériel, avec notre existence communale, nationale, internationale, fondée sur des données matérielles, elle est laissée au meilleur jugement de sages laïcs. La seule indication que le Bouddhisme puisse leur donner est de leur rappeler que, tant que l'ignorance — au sens le plus large — a fermement prise sur nous, nous ne pourrons jamais surmonter ses conséquences les plus indésirables et déplorables. Toutes ces conséquences proviennent de la perversion de l'amour par l'ignorance. La suppression de l'ignorance a de profonds effets sur la société humaine.

IX

L'amour *(karuna)* est le principe actif de toute forme de fraternité. Lorsqu'il est perverti, tous les types d'égoïsme en résultent — aux plans individuel, national, racial, économique, religieux, etc. Nous souffrons aujourd'hui terriblement de ces diverses formes de l'égoïsme. La religion, censée combattre les tendances centripètes de l'égoïsme est, selon toute apparence, entièrement incapable de traiter la situation présente.

La religion n'est jamais fatiguée de nous apprendre à nous débarrasser de l'égoïsme, mais lorsque la question concerne les affaires internationales ou interraciales, l'enseignement n'a aucun effet sur nous. Une corporation, une nation n'ont pas, en tant que telles, de conscience morale. On recourt massivement à des subterfuges légaux pour réaliser des desseins égoïstes. Le patriotisme, le corporatisme sont différents de l'égoïsme personnel en ce qu'il s'agit de la réunion d'individus au service d'un but commun. Toute perte économique ou politique est partagée par l'organisme entier. les dirigeants se sentent responsables de leurs actes et développent donc le sens moral du service public.

L'esprit de service public est louable en soi, mais lorsqu'il implique un égoïsme orgueilleux, et tend à l'exclusivisme à tout prix, nous savons où cela mène. Nous en voyons les effets partout sur notre planète. Le plus triste est que nous ne pouvons enrayer sa fatale progression. Peut-être devons-nous accepter l'enchaînement logique de notre propre karma, accumulé depuis des temps immémoriaux.

Comment sortir de cette situation générale presque désespérée ? Le plus facile est de devenir immédiatement conscients de notre propre ignorance, et par là de briser les chaînes du karma. Mais c'est aussi la tâche au monde la plus difficile à accomplir ; d'âge en âge l'humanité s'y est évertuée.

S'il nous est impossible, malgré l'idéal des religions, de dompter un courant dont nous connaissons l'issue fatale, tâchons de sauvegarder notre foi de la destruction, que ce soit en Orient ou en Occident. A l'issue des tumultes, et après avoir tenté de limiter la casse, nous pourrons commencer à considérer la démence à laquelle nous avons été livrés, et recourir à la foi que nous aurons abritée.

Si cela paraît trop négatif, que tous les Bodhisattvas aimants de l'univers se rassemblent, utilisent au maximum leurs influences morales et entretiennent leur flamme spirituelle, quelque solitaire qu'elle puisse être, en maintenant son incandescence. Du point de vue bouddhiste, le plus important est de parvenir à une compréhension illuminée de l'ignorance et du karma, faute de quoi la cause de la fraternité universelle s'en verrait assombrie.

X

Permettez-moi de vous suggérer quelques méthodes pratiques menant à l'illumination, telles que les propose le Bouddhisme. Pour l'illumination individuelle, les six vertus ou *Paramitas* sont recommandées : charité, moralité, humilité, effort, méditation et sagesse (ou connaissance transcendantale). Dans certaines écoles du Bouddhisme, les deux dernières *Paramitas* sont particulièrement indiquées, mais nous devons nous souvenir que la méditation et la sagesse ont une connotation bien définie dans le Bouddhisme.

Lorsque les individus se sont illuminés, nous pouvons imaginer que le monde entier le sera également — et l'utopie réalisée. Mais le fait est que l'illumination universelle n'est pas la somme des illuminations individuelles, car le karma, l'histoire, lie les individus à différents groupes tels que les races, les nations, les castes, etc. Pour dépasser ces entraves karmiques, il est nécessaire, au moins selon l'une des méthodes pratiques en vue d'un tel objectif — la fraternité universelle des religions — d'instaurer une libre communication entre les êtres spirituellement motivés de toutes les nations. Ceci implique une liberté de circulation — l'établissement d'instituts pour la compréhension des différentes religions et cultures, l'échange de représentants religieux correspondant à l'échange d'ambassadeurs entre les nations, la convocation d'un parlement religieux qui étudiera divers moyens en vue d'atteindre la paix mondiale, etc.

Que les nations ne souhaitent pas à présent une conférence religieuse mondiale, quelque chose comme une conférence du désarmement ou une société des nations, démontre positivement le poids des attaches karmiques et la nécessité de la patience, même si nombre d'individus illuminés travaillent de diverses manières en vue de l'illumination universelle.

*EXPLIQUER LE ZEN **

1

Ma façon d'expliquer le Zen peut ne pas être traditionnelle, mais selon ma compréhension, l'origine du Zen peut être décelée dans l'expérience de l'Illumination du Bouddha, il y a environ vingt-cinq siècles, dans le Nord de l'Inde. Le Bouddhisme s'est développé à partir de l'expérience du Bouddha, et cette expérience est connue sous le nom d'illumination. En sanscrit elle est nommée *Bodhi. Bodhi* et *Bouddha* viennent de la même racine *budh. Bodhi* signifie Illumination et Bouddha l'Illuminé aussi bien lorsque nous parlons du Bouddhisme ou de Bouddha, nous devons relier ce que nous disons à l'expérience de l'Illumination du Bouddha. Sans l'Illumination, le Bouddhisme serait dépourvu de

---

* Conférence à Zürich, Club de Psychologie (27 juin 1953).

toute signification, et lorsque le Zen affirme transmettre l'expérience essentielle du Bouddha, nous devons nous mettre au plan de cette Illumination. Lorsque ceci sera compris, le Zen sera compris.

Pour être un bon Bouddhiste Zen il n'est pas suffisant de suivre l'enseignement du fondateur ; nous devons expérimenter l'expérience du Bouddha. Lorsque nous nous contentons de suivre l'enseignement, quelles que puissent être sa noblesse et son élévation, il ne devient pas nôtre. Bouddha ne voulait pas que ses disciples suivent aveuglément son enseignement. Dans les autres religions le fondateur s'attend à ce que ses enseignements soient suivis par ses fidèles, qui ne répètent pas forcément la même expérience. Le fondateur donne des instructions et le fidèle suit les instructions ; ils n'expérimentent pas nécessairement la même expérience. Dans certaines religions la répétition de telles expériences est même considérée comme impossible parce que l'expérience du fondateur est divine, et que nous, pauvres humains, ne pouvons bénéficier de la même expérience divine.

Le Bouddhisme, d'autre part, déclare que si nous parlons de la nature divine, quelle qu'elle puisse être, en tant que telle, cette nature divine doit être nôtre. Si elle est nôtre, il n'y a aucune raison pour qu'on ne puisse l'expérimenter, en avoir la révélation intérieure. Ceci peut être considéré comme une aspiration ambitieuse. Mais il est plutôt dégradant de se référer à l'ambition. C'est plutôt une aspiration extrêmement juste, car toutes les aspirations humaines proviennent de cette nature divine. Il est donc naturel que nous révélions cette nature divine en nous-mêmes, plutôt que de la laisser inexpérimentée.

Le Zen vise donc à entrer en contact avec cette nature divine qui est en chacun de nous, et cette révélation de la nature divine en nous-mêmes est ce qui constitue l'expérience de l'Illumination du Bouddha. La nature divine est ce que nous pouvons appeler le Soi Absolu. Lorsque nous disons : « Je suis », ce « Je » est généralement considéré comme émanant d'un « Je » relatif. Mais le « Je » relatif ne peut se tenir par lui-même ; il faut quelque chose *derrière* lui qui rende possible le « Je », qui fasse de ce « Je » un « Je » dans son sens le plus profond. S'il n'y a pas de Soi Absolu derrière ce « Je » relatif, psychologique, ce « Je » psychologique ne réalisera jamais son état de « Je ». Le « Je » relatif assume quelque chose du « Je » réel parce qu'il a derrière lui le « Je » réel. Lorsque ce « Je Absolu » est supprimé, il n'existe plus de « Je » relatif. Mais dans notre manière de penser ordinaire ce « Je » relatif est séparé du « Je Absolu », et nous prenons ce « Je » séparé pour quelque chose d'absolu — quelque chose d'indépendant, qui se tient. Si l'on adhère à cette notion, on a l'égoïsme, la notion centrée sur l'ego qui gouverne habituellement notre conscience.

Voici que le Bouddhisme parle d'*atman* et de *non-atman*, et que Bouddha a enseigné la doctrine du *non-atman*, c'est-à-dire du non-ego.

Il n'y a pas d'ego, il n'y a pas d'*atman*. Lorsque ce type d'enseignement est compris plus ou moins superficiellement, les gens jugent le Bouddhisme comme quelque chose de négatif ou de nihiliste.

Mais, comme nous le savons, rien ne peut reposer sur une négation. La négation ne peut jamais tenir par elle-même ; elle implique toujours quelque chose de positif, quelque chose d'affirmatif. La raison pour laquelle je peux dire « Je suis » est parce que ce « Je » se tient sur une grande affirmation. « Je suis » est affirmation, et lorsque cette affirmation est comprise dans son sens positif nous avons l'expérience de l'Illumination. Lorsque le Bouddhisme nie l'*atman*, cet *atman* n'est pas l'*atman* absolu mais l'*atman* relatif. Lorsque cet *atman* relatif est nié, la négation elle-même implique qu'il recouvre quelque chose d'affirmatif, et cette affirmation n'est rien d'autre que le Soi Absolu. L'Illumination fait apparaître ce Soi Absolu dans son « Ainséité » originelle. Le Bouddhisme ne devrait donc pas être interprété dans un sens négatif.

De la même manière, lorsque le Zen s'est développé en Chine, il a adopté la doctrine avancée par Nagarjuna, le grand philosophe indien, qui vécut quelque temps après la naissance du Christ. Sa doctrine est fondée sur le *Prajnaparamita Sutra* qui contient une célèbre série de négations dans lesquelles tout est nié. Cela est très naturel, car notre façon ordinaire de penser est caractérisée par la relativité, la bifurcation, la dichotomie, la séparation du sujet et de l'objet. Mais cette expérience de l'Illumination, la révélation du Soi Absolu, est au-delà de la façon dualiste de penser. Nous commençons donc naturellement par nier toutes ces formes de dichotomie. Mais si nous commençons par une négation, une négation ne suffisant pas, nous continuons à nier sans cesse. Cette série de négations ne peut jamais parvenir à aucune conclusion ; mais lorsque nous réalisons que chaque négation implique en elle-même une affirmation, il n'est plus nécessaire de répéter des négations, une seule suffit.

Un maître Zen en Chine avait l'habitude de lever le bâton qu'il portait avec lui et de dire « Si vous appelez ce bâton un bâton, vous l'attaquez », c'est-à-dire, vous niez. « Aussi ce bâton, vous ne pouvez pas l'appeler un bâton, mais vous ne pouvez pas non plus dire que ce n'est pas un bâton. Ni l'affirmation ni la négation ne conviennent. Sans nier, sans affirmer, dites quelque chose ! »

Les maîtres Zen démontrent la vérité ordinaire, quotidienne, de cette manière familière — en prenant un couteau ou une fourchette, en saisissant un livre, ou en levant un doigt. « Si vous dites que c'est un doigt, c'est une affirmation. Si vous dites que ce n'en est pas un, c'est une négation. Alors comment l'appelez-vous ? » Doigt ou main, poing ou bâton, cela ne fait aucune différence. A chaque fois que vous dites quelque chose, c'est une affirmation ou une négation. A part ces deux choses, nous ne savons rien dire. Mais le maître vous demande d'en dire quelque chose. Que direz-vous ?

Une manière de répondre à ce type de problème est consignée dans un livre Zen. Un moine sortit de l'assemblée, saisit le bâton du maître, le brisa et jeta les morceaux. Mais si nous imitons ce moine, il n'y a pas de Zen. Ce ne serait qu'une imitation. Chaque individu doit avoir sa manière originale de résoudre le problème. Quelqu'un dira, c'est un bâton. Un autre dira peut-être, ce n'est pas un bâton. Quoi que vous disiez, cela conviendra tout aussi bien ; tout dépend de votre expérience intérieure. De cette expérience peut provenir l'affirmation, ou bien la négation, ou le bâton brisé en morceaux. Ou vous pouvez demander au maître : « Qui appelez-*vous* le bâton ? » Cela aussi marchera. Tous les types de réponses sont possibles, mais si vous imitez quelque chose, il n'y aura pas de Zen. Une expérience individuelle originale est nécessaire, mais sur le fond de cette expérience vous pouvez diriger le bâton où vous voulez. Sinon vos réponses ne seront que des choses mortes ; il n'y aura aucune vie en elles.

Ainsi ce « Soi Absolu », à moins que nous en ayons l'expérience très intime, intérieure, sera un non-sens lorsque nous dirons : « Je suis celui qui suis ». Lorsque Dieu est apparu au Mont Sinaï et a révélé son nom à Moïse, « Je suis celui qui suis », il avait raison, car c'était le nom de Dieu. C'était Dieu lui-même. Si nous pouvons réellement dire : « Je suis celui qui suis », comme le Christ a dit : « Avant qu'Abraham fut, je suis », le Soi Absolu se révèle. Mais cette révélation n'est pas seulement un sujet de conversation, elle doit être expérimentée personnellement, réellement.

Lorsque le Bouddha commença à chercher le Soi, il voulait trouver le Soi. Qu'est-ce qui lui a fait traverser les cycles de naissance et de mort ? Il voulait savoir. Lorsqu'il sut ce qu'il était, il put réellement transcender ce cycle éternel de naissance et de mort, ce flux de devenir. En termes modernes, nous parlons beaucoup de courant ou de flux du devenir, mais le problème du Bouddha était de traverser ce torrent du devenir, d'émerger du devenir, et de voir quelque chose dans le devenir lui-même. Pour ce faire il dut d'abord se diviser. Il dut analyser ce qu'était son soi, et projeter une question hors de lui. L'analyse consista à se diviser, ce qui, du point de vue ordinaire, est impossible. Pour voir ce qu'était son soi, il se projeta comme un deuxième soi et commença à disséquer ce second soi, pour voir ce qu'est le Soi réel. C'était une tâche impossible, mais nous faisons tous cela lorsque nous intellectualisons — alors nous en appelons à l'intellect. Lorsqu'il proposa une question, elle venait de lui. Il se projetait comme non soi, parce que la question venait de lui, et qu'il voulait par ce questionnement se disséquer lui-même. Il ne pouvait pour cela se servir de son couteau. Intellectuellement il lui fallait s'expulser, c'est-à-dire se nier, mais cette négation le tuait. Quelque précise et logique que pût être la dissection, elle ne l'affectait pas lui-même, mais quelque chose projeté hors de lui-même. C'est-à-dire son deuxième soi, par le Soi réel. Aussi, quelle que fût l'ampleur de ses analyses, il ne pouvait parvenir au vrai Soi, parce que le vrai Soi est soi-même. Aussi est-il impossible, pourrions-nous dire, de se disséquer soi-même. Se disséquer c'est se tuer. Lorsqu'on est tué, il ne reste rien. L'analyste et l'objet de son analyse disparaissent tous deux. Par conséquent, pour comprendre ce qu'est le Soi, nous devons rentrer profondément en nous-mêmes au lieu de projeter un Soi hors du Soi réel — nous devons rentrer. Au lieu d'essayer intellectuellement de localiser ce soi, nous devons aller profondément en nous-mêmes et le saisir. C'est impossible, mais c'est ce que nous devons tous essayer de faire, et à moins d'y parvenir, nous ne serons jamais sauvés. Et le Bouddha y est parvenu.

La preuve qu'il est parvenu à saisir son Soi Absolu ne vient pas du Bouddha lui-même, mais provient de nous. Si le Bouddha avait essayé de donner une preuve de sa réalisation, cette preuve en appellerait naturellement aux mots, ou à quelque geste. Quand elle est exprimée de cette manière, l'expression n'est pas l'expression réelle, elle n'est réelle qu'en référence au Bouddha lui-même. Lorsque nous essayons de prendre cette référence, et allons à son origine — Bouddha lui-même — cela ne peut être fait que si nous en faisons nous-mêmes l'expérience. Tant que nous prenons cette référence intellectuelle pour quelque chose de réel, nous prenons le doigt qui montre la lune pour la lune elle-même. Tant que la lune n'est pas vue, le doigt n'est qu'un doigt. Aussi, en ce qui concerne l'expérience du Bouddha, nous savons qu'elle est vraie lorsque nous la connaissons d'expérience.

Un certain type de raisonnement utilisé par un ancien maître est rapporté dans un livre Zen :

Quelqu'un demanda au maître : « Que signifie voir dans la nature ? » Cette nature signifie la nature du Bouddha, que possède chaque chose, et qui est le Soi Absolu. Aussi la question du moine était-elle : Qu'est-ce que le Soi Absolu ? Quel est le Soi qui nous fait réellement dire : « Je suis », qui fait dire à Dieu : « Je suis celui qui suis » ? Cette question est donc fondamentale, car lorsque nous parvenons à cette nature nous atteignons la bouddhéité, nous expérimentons l'Illumination. Et le Zen part de là. Aussi cette question est-elle la plus fondamentale.

Le maître dit : « La nature de Bouddha (ou le Soi Absolu) dans sa pureté, demeure sereine dans son principe et ne montre aucun mouvement. Elle est libre de toutes les catégories, telle qu'être et non-être, long et court, saisir et abandonner, pureté et souillure. Elle se tient par elle-même dans la tranquillité. » Notons que le sens bouddhiste de la pureté est métaphysique, pas seulement éthique. La nature dans son absolu demeure sereine, sereine c'est-à-dire libre du devenir. « Et elle ne montre aucun mouvement », c'est-à-dire qu'il n'y a nul devenir là où la nature demeure absolument. Cela correspond à la conception occidentale de la divinité. Dieu demeure serein, pur, immobile et immuable. Incréant et incréé, ce Dieu correspond exactement à la nature de Bouddha telle que l'explique ce maître Zen.

Toutes les catégories telles qu'être et non-être, pureté et souillure, long et court, appartiennent à ce monde. Le monde de la relativité utilise de tels critères de mesure, mais ces critères ne s'appliquent pas à la nature elle-même. Pour décrire cet état d'être les Bouddhistes parlent de tranquillité, d'un état absolu de tranquillité. Et lorsque cette nature est vue, on appelle cela « voir la nature ». Cette nature est Bouddha lui-même et son Illumination. Aussi voir la nature sera voir le Bouddha, atteindre l'Illumination, connaître le Soi Absolu.

Maintenant se pose la question : si la nature est déjà pure, et n'appartient pas à des catégories telles qu'être et non-être, comment peut-il y avoir vision ? C'est une question très naturelle et la réponse du maître est : « Dans la vision rien n'est vu. » Nous disons que nous voyons mais rien n'est vu. Réellement, voir est ne pas voir. Lorsque le bâton est exhibé et que nous disons que ce n'est pas un bâton, il demeure le même. C'est ce que veut dire le maître. Mais cela est difficile à voir à moins que l'on ait une certaine expérience, une certaine forme d'intuition. Voici dès lors la question : si rien n'est vu, pourquoi parler de vision ? C'est aussi une question naturelle. Le maître répond : « Voir est ne pas voir. » Ce n'est pas une réponse, pourriez-vous dire. Mais c'est une réponse parfaite lorsqu'elle provient de notre expérience intérieure réelle. Tandis que si c'est une simple formule, elle perd son sens réel. Cela devient parole de perroquet, écho.

Lorsque la vision prend place dans ces conditions, *qui* voit ? Si voir n'est pas voir qui est le voyant ? Lorsque la question fut posée de cette manière, le maître dit : « Il n'y a pas non plus de voyant. » Lorsque nous utilisons les mots voir, entendre ou faire, nous pensons qu'il y a un sujet voyant, entendant, agissant, etc. Mais le maître dit qu'il n'y a pas de voyant. Il n'y a pas d'entendant. Il n'y a pas d'ego. Il n'y a pas d'*atman* qui agisse, sente, pense, etc. Mais à chaque fois que nous affirmons quelque chose, survient cette bifurcation du sujet et de l'objet. C'est inévitable.

Maintenant, souvenons-nous de la question qui fut posée lorsqu'un maître brandit son bâton et déclara : « Si vous dites que ce bâton est un bâton, c'est une affirmation, si vous dites que ce n'est pas un bâton, c'est une négation. Au-delà de l'affirmation et de la négation, dites quelque chose. » Quelle est cette chose au-delà de l'affirmation et de la négation ?

Il y avait un autre maître à qui l'on demanda une déclaration au-delà de l'affirmation et de la négation, et qui répondit : « Que dites-vous ? » Telle fut la réponse donnée à cette question. Je me demande ce que *vous* faites de cela ! Lorsque vous déclarez quelque chose qui va au-delà de l'affirmation et de la négation, le maître demande : « Que dites-*vous* ? » Lorsque vous comprendrez ceci vous comprendrez tout.

En face de la réalité cette manière de penser est dangereuse. Lorsque vous voyez réellement Dieu face à face vous perdez la vie. C'est une question de vie ou de mort, et c'est donc très dangereux. Pourtant, dans le Zen, on doit envisager cette question. Tenez-vous en face de la pensée et saisissez-là. Lorsque le maître répondit « Que feriez-*vous* ? » il leva simplement le pouce. A cette question sérieuse il répondit par une blague. Le moine, évidemment, ne comprit pas ce que le maître voulait dire. « Je vous en prie, soyez compatissant, dit-il, expliquez-moi. » Le maître dit : « Pourquoi ? Vous en êtes loin ! Vous n'êtes plus au point de la pensée. Vous la fuyez en courant ! »

« Je viens ici avec la question la plus urgente. Auriez-vous la bonté de la résoudre pour moi ? » Lorsque la question fut posée au maître, il répondit simplement : « Comprenez-vous ? » Le moine voulait comprendre, aussi il questionna. Mais le maître demanda : « Comprenez-*vous* ? » Bien sûr il ne comprenait pas ; c'est pourquoi il était venu voir le maître avec sa question. C'est une réponse extrêmement absurde du point de vue ordinaire. Le moine répondit, très naturellement : « Non maître ! ». Alors le maître dit : « La flèche a manqué la cible. » Toutes choses ne doivent pas être traitées intellectuellement.

Il y eut un autre moine qui vint voir un maître et lui demanda : « Qu'est-ce que moi-même ? » C'était la question la plus absolue que l'on puisse jamais poser. Qu'est-ce que moi-même ? Vous vous connaissez certainement et vous allez voir quelqu'un pour lui demander : « Qui suis-je ? » Je devrais me connaître mieux que vous tous. Même Dieu lui-même peut me comprendre aussi bien que moi-même. Et pourtant nous posons tous ce genre de question. Qui suis-je ?

Le maître dit : « A combien de grands maîtres avez-vous posé cette question ? » Ce type de recherche peut continuer indéfiniment, mais le Soi Absolu doit être perçu en soi-même.

II *

Dans « Expliquer le Zen I » j'ai parlé de notre désir de rentrer chez nous — dans notre maison

---

* IIe partie : Conférence à Zürich, Institut Jung (29 juin 1953).

originelle, où qu'elle puisse être. Or, dans un *mondo* célèbre, un dialogue entre un moine et un maître Zen, le moine demanda au maître : « Qu'est-ce que le Zen ? ». Le maître dit : « C'est comme voir un bœuf alors même qu'on le monte ». Alors le moine demanda : « Après que j'ai monté le bœuf, que se passe-t-il ? » Le maître dit : « C'est comme rentrer chez soi, monté sur un bœuf. »

Lorsque Bouddha atteignit l'Illumination, il eut l'impression de rentrer chez lui. Il avait trouvé son propre Soi, le Soi qu'il détenait depuis le début. Mais lorsqu'il le chercha il le perdit, car sans le perdre, sans le nier, nous ne pouvons le trouver. Il n'est bien sûr pas nécessaire d'essayer de le trouver, il est avec nous depuis le début, mais, ce qui est étrange, nous devons le perdre pour le trouver, pour nous convaincre qu'il n'est absolument pas nécessaire de le trouver. C'est comme la parabole du fils prodigue, dans la Bible, qui voulait rentrer chez lui. Dans le *Saddharma Pundarika* on a la même histoire d'un fils qui s'est enfui de la maison paternelle, et après avoir voyagé et rencontré nombre d'épreuves, rentra chez lui. Mais le fils ne put plus se faire connaître par son père comme son héritier. Alors il se croit encore un étranger, et se conduit comme s'il n'était pas le fils de son père. Mais le père, pris de pitié, emploie toutes sortes d'« expédients » ou de « méthodes » pour qu'il se sente chez lui. Cette histoire doit avoir une origine commune avec celle de la Bible, et cette origine commune remonte à notre nostalgie de la maison — car nous sommes tous des voyageurs, des aventuriers qui ont perdu le Nord.

Lorsque les Chrétiens dévient du chemin que Dieu leur indique, cette désobéissance constitue un péché, et à cause de cette désobéissance ils ressentent le désir de revenir à Dieu. C'est parce qu'ils se sentent coupables qu'ils veulent retourner à Dieu ; c'est le souvenir de leur désobéissance qui les fait désirer le retour. Mais on ne trouvera jamais la demeure originelle si l'on ne sort pas de chez soi au moins une fois, c'est-à-dire à moins de commettre quelque sorte de transgression.

C'est très intéressant. Pourquoi avons-nous dévié ? Pourquoi était-il nécessaire de fuir Dieu — de nous enfuir de notre maison originelle ? Pourquoi ne sommes-nous pas restés avec Dieu ? Pourquoi avons-nous nié Dieu ? Cette question ne peut être résolue intellectuellement, quelque usage que nous fassions de notre logique actuelle. Nous devons développer un autre type de logique qui n'est pas révélé par l'exercice de l'intellect. Mais dès que cette expérience, l'Illumination, est expérimentée, la question « pourquoi » n'a plus aucune force ; elle se résout d'elle-même. Nous sommes ce que nous sommes. Parce que nous ne sommes pas réellement nous demandons « pourquoi », mais dès que nous sommes dans la réalité elle-même nous ne posons plus cette question. Mais nous sommes troublés par le sens du péché. Nous nous sommes perdus, nous avons dévié du cours indiqué par le Bouddha ou Dieu. Nous sommes perdus et voulons rentrer à la maison. Comment y parvenir ? Le Zen ne tend pas une main secourable pour nous introduire dans le Zen lui-même. Il se tient plutôt devant nous comme un « mur de fer » infranchissable, indestructible. Nous lui faisons face et ne savons que faire.

Nous essayons, comme au début le Bouddha, une méthode intellectuelle pour traverser le mur. A l'époque du Bouddha le problème était formulé en termes de cycle de naissance et de mort. Aujourd'hui, nous pouvons le formuler différemment, mais le problème fondamental demeure le même. Comment traverser le mur du dualisme ? Sans dualisme nous n'aurions pas ce monde. Pourquoi ne sommes-nous pas satisfaits de ce monde ? Pourquoi voulons-nous transcender la situation dans laquelle nous nous trouvons ? Du point de vue intellectuel, du point de vue scientifique, la situation n'est pas notre œuvre. Dans le langage chrétien, Dieu *nous* a faits. Tant que nous sommes des créatures de Dieu, la responsabilité lui revient ; on ne peut dire que nous soyons responsables de ce que nous sommes. Mais, en quelque sorte, nous sentons que nous en *sommes* responsables, et nous voulons nous évader de cela, ou au moins l'améliorer.

L'intellect ne peut résoudre le problème. Il ne fait que nous entraîner plus désespérément dans le labyrinthe où nous nous trouvons. Avant que le Bouddha eût l'expérience de son Illumination, il essaya cette méthode intellectuelle. Il écouta les plus grands philosophes de son temps, mais il ne put trouver une solution en conversant avec eux. Ensuite, il essaya la pratique de l'ascétisme, c'est-à-dire une discipline morale. Il s'entraîna moralement, en réduisant au minimum ses impulsions naturelles ou physiques, de telle sorte que son esprit, ou *atman*, pût être aussi libre que possible. Mais cet excès de discipline nuisit à sa santé, et il devint si maigre qu'il ne pouvait même plus se lever de son siège. Alors il abandonna aussi cette méthode, et commença à se réalimenter avec du lait. Il reprit des forces mais le problème toujours sans solution restait dans son esprit comme une épée de Damoclès.

L'homme moderne ressent la même situation à sa propre manière. Les mots que le Bouddha employa pour décrire sa situation peuvent être différents, mais la situation est la même. Et elle est menaçante. Pourtant nous avons créé cette situation pour nous-mêmes et c'est une illusion de croire que la pensée se trouve devant nous, à nous menacer et à exiger une solution. Il n'y a rien de tel, objectivement, hors de la personne qui pose la question. La question n'est pas menaçante du tout. En réalité, le questionneur se menace lui-même, et cette menace vient sous forme de question. La situation, alors, est que nous souffrons tous d'une illusion intellectuelle, connue de nos jours sous le nom de logique, ou science. Les chercheurs essaient de résoudre les secrets de l'existence par le moyen de la recherche scientifique, mais lorsqu'ils ont — croient-ils — trouvé le secret, ce secret mène à un autre secret et les secrets ne cessent jamais. Les savants qui réalisent cela, qui savent que les secrets sont sans fin et que nous ne pourrons jamais saisir l'infini, pensent qu'il doit y avoir quelque chose au-delà de l'humaine mesure, et ils apprécient au moins que la mesure humaine trouve sa solution. Car l'étalon grâce auquel le savant moyen mesure les objets a besoin d'être lui-même mesuré. Pourtant il doit y avoir un moyen de résoudre l'énigme, dès lors que la discipline morale n'est pas plus efficace que l'intellect. Lorsque la moralité s'efforce d'acquérir quelque chose, d'atteindre quelque chose — quelque espèce de perfection — nous réalisons, dès que nous atteignons quelque degré de discipline, qu'il y a encore quelque chose que nous n'avons pas atteint. Aussi, la perfection recule-t-elle sans cesse, car il n'existe rien de tel, dans les limites de l'humaine mesure. L'approche intellectuelle et l'approche morale sont donc semblables — inefficaces. Pourtant, parce que nous avons posé la question, elle est soluble.

Le fait même que nous ayons posé un certain problème que nous pouvons nommer la question ultime de la réalité prouve que la question est soluble. Il n'y a aucune question à laquelle on ne puisse répondre, et nous avons dans le Zen le dicton : « Questionner c'est répondre. » Vous ne demandez pas pour obtenir une réponse d'autrui ; vous regardez en vous-même pour voir qui a posé la question. Lorsqu'on mesure, qui a produit la mesure ? Au lieu d'essayer d'évaluer un législateur au moyen d'un autre législateur, on revient à l'Un qui a créé le législateur lui-même. En termes théologiques, on pourrait dire que si Dieu a créé le monde, pourquoi ne pas en référer à Dieu directement ? Au lieu de s'ennuyer avec le créé, pourquoi ne pas aller directement au créateur ? Lorsque Dieu a dit : « Que la lumière soit », le monde a surgi. Mais d'où ? De nulle part sinon de Dieu lui-même. Dans ce cas, le monde doit contenir Dieu. Dieu doit être présent dans le monde. S'il se tenait à l'écart du monde, si Dieu se tient contre le monde et le monde contre Dieu, le monde n'est plus un monde vivant, et Dieu est une machine morte. Si Dieu a été capable de créer le monde, le monde doit avoir quelque chose de Dieu en lui. De la même manière, si nous posons une question, quelque chose de la réponse doit être en nous. Aussi la solution d'un problème prend-elle place lorsque la question et le questionneur deviennent un, c'est-à-dire lorsque Dieu et le monde deviennent un. Lorsque Dieu a créé le monde, c'était la question de Dieu. Dieu, en créant le monde s'est questionné. Il voulait se connaître. Lorsque Dieu a créé le monde, il a résolu sa question, et lorsqu'il s'est identifié au monde, lorsque le monde fut identifié à Dieu, la solution complète a pris place. Dieu a créé le monde à partir de lui-même. Lorsque ceci prend place Dieu se comprend. Ainsi Dieu se nie-t-il lorsqu'il veut se connaître.

En même temps nous voulons retourner à notre demeure originelle, là où ni négation, ni affirmation n'ont jamais existé, et où la logique ne peut s'appliquer. Mais si nous cherchons cette demeure originelle à l'écart du monde, alors qu'elle est perdue dans le monde lui-même, nous devrons chercher une autre demeure originelle. Aussi la maison originelle doit-elle se trouver dans le monde dont elle provient : c'est-à-dire, Dieu doit être dans le monde. Alors, lorsque le monde est connu, Dieu est connu, et lorsque Dieu est connu, le monde est connu.

Cette identification doit prendre place avant que prenne place la réponse finale.

Lorsque le Bouddha devint illuminé, dans son expérience de l'Illumination il n'y avait pas de question qui se tînt à l'extérieur de lui, et pas de questionneur pour produire la question. Aussi la question s'est-elle dissoute dans la question d'où elle provenait. Et le questionneur saisit la question en lui-même. Lorsque cette identification prit place le Bouddha résolut sa question. Dès lors, son expérience ne pouvait être démontrée d'aucune manière sinon en disant « Oh » ou « Ah », ou « *Om* », ou quelque autre monosyllabe dépourvue de sens articulé. Dans l'enseignement Zen, les mots ne sont donc pas utilisés de la manière habituelle, car ils n'ont pas de sens relatif. Ils proviennent tous de l'expérience elle-même. Les théologiens disent : « Croyez d'abord et vous serez sauvés. Ne posez pas de questions sur cela, croyez-le et votre foi vous sauvera. » Mais cette croyance est elle-même ce que recherchent les gens qui n'ont pas la foi. Lorque la foi est atteinte, tout se résout. Mais comment avoir cette foi, c'est la question et nous la posons tous.

Lorsqu'on nous dit « Croyez et vous serez sauvés », comment croire est la question, car la foi n'est pas une chose qui vient de l'extérieur, la foi est ce que le Bouddha a expérimenté au moment de l'Illumination. Le questionneur et la question doivent devenir un. Lorsqu'une telle unité est expérimentée, c'est la condition de la foi.

Alors, qu'est-ce que la foi et comment puis-je être sauvé ? Tant que cette question demeure extérieure à soi elle ne sera jamais résolue ; c'est-à-dire il n'y aura pas de foi. Donc, avoir la foi c'est être sauvé et être sauvé c'est avoir la foi. La foi et le salut prennent place simultanément. La foi est le salut, le salut est la foi. Aussi devons-nous d'abord avoir la foi ; sinon, il n'y aura pas de solution.

Lorsque la psychologie est utilisée dans son aspect scientifique ou relatif, c'est seulement une science parmi d'autres et elle ne s'applique pas à l'expérience de l'Illumination du Bouddha. Mais lorsqu'elle est comprise dans son sens le plus vaste et le plus profond, l'approche Zen qui peut en être faite concerne l'*atman* ou le Soi. Mais que nous parlions de Soi ou de Réalité, la première chose est de l'expérimenter, et l'expérience concerne la Volonté. Maintenant nous *sommes* la volonté, et Dieu est volonté ; lorsque la volonté s'affirme, non dans son sens relatif de recherche du pouvoir, mais dans son sens originel, nous pouvons parler de la volonté de Dieu.

Dieu veut se connaître, et cette volonté, c'est-à-dire Dieu, se meut car Dieu ne peut jamais rester immobile. Dieu se meut et son mouvement est volonté. Le moteur du mouvement, ce qui le déclenche, est la volonté. Lorsque Dieu demeure seulement Dieu, il n'y a pas de monde, et il n'y a pas de Dieu. Alors Dieu veut et lorsque ce mouvement prend place, la création s'instaure. A chaque fois que je bouge le doigt, le monde est créé. C'est la création de Dieu. A chaque fois que je prononce un mot cette parole est celle de Dieu. Et ceci est volonté. Partir de cette volonté, savoir ce qu'elle est, telle est l'approche psychologique du Zen.

Maître Eckhart a beaucoup à dire au sujet des paroles « Bienheureux les pauvres en esprit », qui est la déclaration la plus illuminante dans la Bible. Que signifie « pauvre » demande Eckhart. Il répond : « L'homme pauvre, celui qui est pauvre, est celui qui ne veut rien, ne sait rien, et n'a rien. » Ceci correspond exactement à l'idée du Zen.

Ne rien vouloir signifie être dépourvu de désir.

Lorsque j'ai dit que Dieu veut, et que quelque chose provient de cette volonté, c'est déjà mal décrire la réalité telle qu'elle est. Mais lorsque nous essayons d'exprimer la réalité par le langage, cette contradiction, cette absurdité est inévitable. Aussi dis-je que la volonté veut sans vouloir quoi que ce soit. Si Dieu veut créer le monde, quelque chose d'extérieur à Lui, ce type de volonté n'est pas de la volonté. La volonté divine est seulement volonté, et le monde en provient. Aussi Dieu a-t-il voulu créer le monde, comme s'il n'avait pas voulu du tout. C'est ce qu'Eckhart veut dire par l'homme pauvre.

Ne rien savoir est une autre formule extrêmement significative. Lorsque nous essayons de savoir quelque chose, il y a celui qui veut savoir et quelque chose à connaître ; il y a une dichotomie. Mais la connaissance de Dieu n'est pas du tout connaissance.

Et puis il y a *ne rien avoir*. Eckhart dit que s'il y avait un seul lieu dans l'âme, même petit, où Dieu pourrait être placé, Dieu ne viendrait jamais dans l'âme. Dieu ne veut aucun emplacement où s'installer. En un tel lieu vous êtes Dieu lui-même.

De ce *ne rien vouloir* il donne un bon exemple, les gens pieux s'adonnent à la pénitence et aux pratiques extérieures de piété, et sont respectés par le peuple. Eckhart dit : « Puisse Dieu pardonner cela ! » Selon toute apparence extérieure, ces gens doivent être appelés des saints, mais ce sont des fous à l'intérieur, car ils ne comprennent pas la véritable signification de la réalité divine. En faisant pénitence, en ayant l'air vertueux, en disant des prières et en allant à la messe, etc., ils sont très religieux. Mais s'ils veulent quelque chose, s'ils cherchent quelque chose, ce sont vraiment des fous.

Comparons ceci avec la question d'un patriarche Zen : « Qui est le maître de tous les patriarches ? », ou, pourrions-nous dire, de tous les Pères de l'Église ? Sa propre réponse fut « Des vaches et des chiens ». Nous pensons que les animaux nous sont inférieurs et cette illusion nous trouble tout le temps. Le chat attrape le rat, et en cela il accomplit sa fonction de chat. En tant que tel, il est divin. Mais nous, êtres humains, dévions de la nature originelle que Dieu nous destine, et en cela nous sommes pires que des chats, nous avons quelque chose à apprendre d'eux.

Il existe une autre histoire. Un moine demanda à un maître Zen : « Chacun est censé avoir la nature de Bouddha. L'ai-je ? » Le maître répondit : « Non » Alors le moine demanda : « Alors que les Écritures Bouddhistes nous enseignent que chaque chose est investie de la nature de Bouddha, comment se fait-il que je ne la détienne pas ? Les arbres et les rochers, les rivières et les montagnes ont tous la nature de

Bouddha. S'il en est ainsi, pourquoi pas moi ? » Le maître répondit : « Les chats, les chiens, les montagnes, les rivières tous ont la nature de Bouddha, pas toi. » Le moine demanda : « Pourquoi pas ? » Le maître dit : « Parce que tu le demandes ! »

Mais si nous ne le demandons pas, comment le savoir ? C'est le paradoxe. Eckhart dit de ne rien vouloir. Puis il parle de *savoir*. N'essayez pas, dit-il, de savoir quoi que ce soit. Chaque fois que je lis les sermons d'Eckhart, je suis frappé par leur ressemblance avec l'enseignement du Zen, ou avec ma propre expérience, pourrais-je dire.

« Dans le sein d'où je viens je n'avais pas de Dieu, et étais à peine moi-même. Je ne voulais ni ne désirais rien. J'étais existence pure et ne connaissais pas la vérité divine. Puis je voulus moi-même et rien d'autre. Je voulais ce que j'étais, et j'étais ce que je voulais. Alors j'existais sans être gêné par Dieu ni par quoi que ce soit. Mais lorsque je me séparai de mon libre-vouloir et reçus mon être créé, alors j'eus un Dieu. Car avant qu'il y eût des créatures, Dieu n'était pas Dieu, mais plutôt il était ce qu'il était. Lorsque les créatures vinrent à l'existence en tant qu'êtres créés, alors Dieu ne fut plus Dieu tel qu'il l'est en Lui-même, mais Dieu comme il l'est avec ses créatures. »

Sur la question de ne rien savoir, il dit : « Maintenant la question se pose — en quoi consiste le bonheur par-dessus tout ? Certaines autorités disent qu'il consiste dans l'*amour*. L'amour est ce qui constitue le bonheur. D'autres disent qu'il consiste dans *la connaissance et l'amour*. C'est une meilleure affirmation. »

Mais Eckhart dit que le bonheur ne consiste ni dans la connaissance, ni dans l'amour, mais qu'il existe quelque chose dans l'âme d'où coulent à la fois la connaissance et l'amour. Connaître cette source d'où s'écoulent l'amour et la connaissance est connaître ce dont dépend la bénédiction. Ce quelque chose n'a ni avant ni après. Il n'attend rien qui doive venir ; il n'a rien à gagner ni à perdre. Aussi, lorsque Dieu y agit, il est privé de la connaissance de cette action. Ce type de connaissance est donc ne rien savoir.

Le dernier des attributs de l'homme pauvre, selon Eckhart, est de ne rien avoir. Il y avait un moine qui étudia le Zen avec un certain maître. Il notait tout ce que disait le maître, comme le font, aujourd'hui, les étudiants, et conservait ses carnets de notes. Un jour le maître l'appela : « Tu as été avec moi durant de nombreuses années, tu dois savoir quelque chose du Zen. Dis-moi ce que tu comprends. » Alors le moine dit ce qu'il pensait avoir compris, mais le maître n'accepta pas son interprétation. Quoi qu'il dise, le maître le niait. Le moine fut ulcéré, parce qu'il pensait qu'il avait compris le Zen, aussi, rentré dans sa chambre, il consulta son carnet de notes, page après page, essayant de trouver une formule qui satisferait le maître ; mais il n'y parvenait pas. Il fut si déçu qu'il se crut incapable de comprendre le Zen. Aussi, il quitta son maître, et décida de se consacrer à la piété. Il s'en fut à la tombe d'un célèbre maître Zen, et se consacra à l'entretien de la tombe et de ses environs. Un jour, alors qu'il balayait autour de la tombe, le balai de bambou heurta une pierre, produisant un certain son. Le moine s'éveilla instantanément aux paroles de son maître : « L'an dernier ma pauvreté (et remarquez comme cela correspond à la notion de pauvreté selon Eckhart) était comme la pointe d'un foret. Elle était telle que je n'avais que cette pointe. Cette année ma pauvreté est telle qu'il n'y a ni pointe ni support où l'enfoncer. Je suis entièrement pauvre. » Ceci correspond à ce que veut dire Eckhart, car s'il y a un seul point qui demeure dans l'esprit ou l'âme, Dieu n'y parviendra jamais : le Christ ne naîtra jamais dans cette âme. L'esprit doit être complètement vide de son contenu habituel. Lorsque ceci prend place, il y a vraiment Dieu, c'est-à-dire la vraie pauvreté — ne rien vouloir, ne rien savoir, ne rien avoir.

Voici une autre histoire au sujet du non-savoir. Il y avait un maître nommé Sekito qui avait étudié le Zen avec un autre maître, et qui était connu pour sa compréhension du Zen. Un moine vint le voir, sachant que c'était un grand maître. Mais, pour le tester, le moine posa cette question : « Eno, votre maître, vous a enseigné le Dharma, et vous l'avez enseigné à beaucoup de gens. Comprenez-vous ce Dharma ? »

Tout le monde savait que Sekito était un grand maître, qui comprenait parfaitement le Dharma enseigné par Eno, son prédécesseur, et le moine le savait aussi. Il posa volontairement cette question. Sekito répondit : « Je ne comprends pas le Dharma. » S'il avait affirmé savoir quelque chose, il y aurait eu un connaisseur et une chose connue. Ne pas savoir — transcender cette dichotomie sujet-objet — c'est être réellement dans cette dichotomie elle-même.

Eckhart fait une autre remarque intéressante : « Si quelqu'un ne comprend pas ce discours, qu'il ne s'inquiète pas. Car s'il ne trouve pas cette vérité en lui-même, il ne peut comprendre ce que j'ai dit. En effet, c'est une découverte qui provient directement du cœur de Dieu. »

[Questionné sur la relation entre l'ascétisme et le Zen, le Docteur Suzuki répondit :]

« C'est un point qui prête à confusion. Il n'y a pas besoin d'ascétisme pour comprendre le Zen ; l'acuité intellectuelle n'est pas nécessaire. Si l'ascétisme est pratiqué sans lien avec la recherche de l'Illumination, ça va. Pour se discipliner en quelque domaine, l'ascétisme peut être requis. Mais essayer d'atteindre l'Illumination par le moyen de l'ascétisme est erroné. Cela ne condamne pas l'ascétisme, comme discipline du corps et de l'esprit, mais cette distinction doit être établie avec force. Il en est de même avec l'intellect. L'expérience Zen elle-même a besoin d'être exprimée, et cette expérience, si elle est authentique, l'exprime. Lorsqu'elle s'exprime, elle chemine généralement par le canal de l'intellect, mais il est difficile, sinon impossible d'essayer d'atteindre le Zen d'un point de vue intellectuel. »

LE SUPRÊME IDÉAL SPIRITUEL *

En juillet 1936, Sir Francis Younghusband réunit à Londres un Congrès Mondial des Religions qui, en quatre jours de discussions serrées, ponctuées par des réunions et des débats publics, dégagea, avec une remarquable bonne volonté, le terrain commun de quelque sept religions.

Au Queen's Hall, le 9 juillet, l'un des orateurs était D.T. Suzuki, et de nombreuses personnes qui évoquèrent par la suite avec moi cette soirée mémorable firent la même remarque : tout ce dont ils se souvenaient était son discours. Le thème n'était rien moins que l'idéal spirituel suprême, et ceci ne convenait guère à un maître du Zen peu féru de généralités. Comme je l'ai noté dans mon journal à l'époque : « Il semblait somnoler lorsque le Président lui demanda d'intervenir. Alors, de sa voix douce et tranquille, il s'empara du sujet et le fit redescendre sur terre, là où le cœur peut le com-

* Discours à Londres, Queen's Hall, Congrès mondial des Religions (9 juin 1938).

prendre, et la main le saisir. » Voici cette conférence, reprise du recueil des contributions publiées par Watkins en 1937 sous le titre *Faiths and Fellowhship,* et rééditées grâce à l'obligeance de la Société Bouddhiste.

(N.d.E.)

Lorsqu'on m'a demandé de parler du suprême idéal spirituel, je ne savais pas, exactement, quoi répondre. D'abord, je ne suis qu'un simple campagnard d'un coin perdu de la planète lâché au milieu de cette ville trépidante de Londres, je suis paniqué et mon esprit refuse de fonctionner de la même manière que dans mon propre pays. Ensuite, comment une humble personne comme moi peut-elle parler d'une chose aussi sublime que l'idéal spirituel suprême, et ceci devant une grande assemblée de gens, où chacun me paraît si sage et intelligent, sachant tout ce qui se passe sous le soleil ? J'ai honte d'avoir à être ici. La première erreur fut de quitter le Japon.

Permettez-moi de vous raconter comment je vivais avant d'arriver à Londres. Dans mon pays nous avons des chaumières. La plupart des maisons japonaises sont de petite dimension. Eh bien, on voit encore beaucoup de chaumières dans la campagne, et la mienne est l'une d'elles. Je me lève le matin au chant des oiseaux. J'ouvre les fenêtres qui donnent directement sur le jardin. Les fenêtres japonaises sont très différentes des fenêtres anglaises. Les fenêtres anglaises sont des ouvertures dans le mur, alors que les fenêtres japonaises sont un mélange de fenêtres à l'anglaise et de parois. De sorte que, lorsqu'on ouvre les fenêtres japonaises, un côté de la maison est complètement ôté. La maison donne directement dans le jardin. Il n'y a pas de séparation entre la maison et le jardin. Le jardin est une maison, la maison est un jardin, tandis qu'ici une maison est nettement séparée. Une maison se tient d'elle-même, ainsi que ses occupants. Les occupants sont isolés de leur environnement. La nature est là, je suis ici ; vous êtes vous, je suis moi ; aussi ne semble-t-il pas y avoir de relation entre ces deux éléments — la nature, l'environnement naturel, et les occupants de la maison.

Donc, lorsqu'on ouvre les fenêtres japonaises, la maison se continue dans le jardin. Je peux facilement voir les arbres, pas comme je pourrais le faire depuis une fenêtre anglaise — en regardant dans le jardin. Je vois les arbres s'élancer du sol, j'ai l'impression de sentir quelque chose de mystérieux qui émane d'eux et de la terre mère ellemême J'ai le sentiment de vivre avec eux, et eux en moi, avec moi. Je ne sais pas si cette communion peut être qualifiée de spirituelle ou non. Je n'ai pas le temps de la nommer, je suis simplement satisfait. Et puis il y a la petite mare, un peu plus bas dans le jardin. J'entends parfois les poissons bondir dans la mare comme s'ils sautaient de joie, et ne pouvaient se contenter de nager. Est-ce vraiment le cas ? Je ne sais pas, mais je crois qu'ils sont très heureux. Comme nous dansons lorsque nous sommes transportés de joie, les poissons, aussi, doivent danser. Que peut leur donner cet élément d'où ils tirent la vie ? Qu'est-ce qui bouge dans mon cœur lorsque j'écoute la danse des poissons dans la mare ?

Puis c'est l'époque de la floraison des lotus dans la mare. Elle en est pleine, et mon imagination voyage aux extrémités de la planète. Lorsque je parle ainsi, pensez-vous que je rêve au milieu d'une grande ville ? Peut-être, mais mon rêve, je le sens, n'est pas oiseux. N'y aurait-il pas dans mon rêve quelque chose d'une valeur éternelle et universelle ? Ces grands bâtiments que je vois sont de magnifiques réalisations humaines, sans aucun doute. J'ai eu une impression similaire lorsque j'ai visité la Chine et que j'ai été confronté à la Grande Muraille, dont vous avez peut-être entendu parler. Ces édifices dureront-ils éternellement, comme j'aime à dire que dureront mes rêves ? Que la terre tremble un peu. Ici, dans cette partie du monde, heureusement, elle ne semble pas trembler aussi souvent qu'elle le fait au Japon. Mais qu'elle tremble une fois. Que se passerait-il ? J'imagine le résultat, mais je ne veux pas y penser. Il y a quelque temps, dans une revue américaine, un auteur a décrit les ruines de la ville de New York, lorsque des explorateurs de l'avenir essaieraient de repérer l'endroit où certains des plus hauts immeubles du monde — on les appelle des gratte-ciel, n'est-ce pas ? — qui se dressent en ce moment à New York, avaient existé. Mais je ne sais pas poursuivre ce type de propos ; je dois arrêter de rêver, même si c'est très agréable.

Que je m'éveille, que j'envisage les réalités présentes ? Quelles sont-elles ? Pas vous, pas ce bâtiment, pas le micro, mais ce suprême idéal spirituel, ces mots qui sonnent si bien. Ils viennent de moi. Je ne peux plus rêver de rien. Je dois ramener mon esprit à ce sujet, le suprême idéal spirituel. Mais vraiment je ne sais pas ce qu'est « spirituel » ni « idéal », je ne sais pas ce qu'est le suprême idéal spirituel. Je ne semble pas capable de comprendre exactement la véritable signification de ces trois termes, placés soigneusement devant moi.

Ici, à Londres, je sors de l'hôtel où je réside. Je vois dans des rues tant d'hommes et de femmes marcher — ou plutôt courir, se précipiter, car, pour mon esprit, ils n'ont pas l'air de marcher ; ils ont vraiment l'air de courir. Ce n'est peut-être pas la réalité, mais c'est ce qui me semble. Et leur expression est plus ou moins tendue, leurs muscles faciaux sont intensément contractés ; ils pourraient se relaxer. Les rues sont couvertes de toutes sortes de véhicules, de bus, des voitures et d'autres choses ; ces véhicules semblent rouler avec un débit constant — constant et incessant — et je ne sais quand traverser la rue. Les devantures de boutiques sont décorées avec toutes sortes d'objets, dont, pour la plupart, je ne crois pas avoir besoin dans ma petite chaumière. Lorsque je vois toutes ces choses, je ne peux m'empêcher de me demander où vont, en définitive, ces gens soi-disant modernes, civilisés ? Quelle est leur destinée ? Poursuivent-ils le suprême idéal spirituel ? Leur expression intense symbolise-t-elle leur volonté de porter un regard spirituel sur les choses ? Vont-ils vraiment répandre leur spiritualité sur toute la surface de la planète ? Je ne sais pas, je ne puis répondre.

Maintenant, voyons, la spiritualité est généralement opposée au matériel, l'idéal au réel ou au pratique, et le suprême au banal. Lorsque nous parlons du suprême idéal spirituel, cela signifie-t-il réellement se débarrasser de ce qui semble matériel, non pas idéaliste, mais pratique et prosaïque, non pas suprême mais très banal ? Notre vie quotidienne dans cette grande ville ? Lorsque nous parlons de spiritualité, devons-nous évacuer toutes ces choses ? La spiritualité signifie-t-elle quelque chose de très distinct de ce que nous voyons là ? Je ne crois pas que cette manière de parler, en séparant l'esprit de la matière et la matière de l'esprit, soit une façon très profitable de considérer les choses qui nous entourent. J'ai évoqué cette interprétation dualiste de la matière et de l'esprit dans le petit discours que j'ai fait l'autre jour.

En fait, la matière et l'esprit sont un, plutôt ils représentent deux faces d'une réalité : les sages essaieront de saisir cette réalité, entière, et non pas sous l'angle d'un seul de ses côtés, matière ou esprit. Car si l'on n'envisage que l'esprit matériel, il n'y aura rien de spirituel dans la matière, et si l'on met l'accent sur l'aspect spirituel, la matière sera ignorée. Dans les deux cas on obtient une vision partielle et partiale, une réduction de la réalité qui devrait être maintenue dans sa totalité. Lorsque notre esprit est correctement ajusté et capable de saisir la réalité qui n'est ni esprit ni matière, et pourtant, bien sûr, esprit et matière, je m'aventure à dire qu'avec toute sa matérialité, la ville de Londres est suprêmement spirituelle ; plus encore, lors-

que notre esprit est mal ajusté, tous les temples et monastères, toutes les cathédrales et les ordres ecclésiastiques qui en dépendent, tous les lieux sacrés avec leur attirail sacré, leurs dévots et tout ce qui accompagne la religion, j'irai jusqu'à dire que tout cela n'est alors que matérialité, masse de crasse, réservoirs de corruption.

Pour mon esprit, le matériel ne doit pas être méprisé, et le spirituel ne doit pas toujours être exalté, — je veux dire tout ce qui se nomme spirituel ; je ne parle pas de tout ce qui est vraiment spirituel, mais des choses qui s'enorgueillissent de cette appellation. De telles choses ne doivent pas toujours être exaltées. Ceux qui parlent de spiritualité sont parfois des hommes de nature violente, tandis que parmi certains qui ont amassé de grosses fortunes, et semblent toujours enclins à s'intéresser aux choses matérielles, on trouve souvent de grandes âmes, enracinées dans la spiritualité. Mais le plus difficile est : comment amener une chaumière au milieu de ces solides murs londoniens ? Comment construire mon humble hutte juste au milieu de cet Oxford Circus ? Comment faire cela dans la confusion des voitures, des bus, et autres véhicules ? Comment entendre le chant des oiseaux et le bond des poissons ? Comment transformer les étalages des vitrines en la fraîcheur des feuilles vertes agitées par la brise matinale ? Comment trouver le naturel dépourvu d'artifices, l'abandon de soi de la nature dans l'extrême artificialité des œuvres humaines ? C'est le grand problème qui nous est posé ces jours-ci.

Encore une fois, je ne sais rien du suprême idéal spirituel. Mais comme je suis confronté nécessairement à cette soi-disant matérialité de la civilisation moderne, j'ai quelques commentaires à faire à ce sujet. Tant que l'homme est l'œuvre de la nature et même l'œuvre de Dieu, ce qu'il fait ne peut être méprisé comme matériel en opposition au soi-disant spirituel. Cela doit être, en quelque sorte, matériel-spirituel, ou spirituel-matériel, avec un trait d'union entre les deux mots — le spirituel non divisé du matériel, le matériel non divisé du spirituel, mais les deux combinés comme nous le lisons, par un trait d'union. Je n'aime pas me référer à des concepts comme l'objectivité et la subjectivité, mais faute de terme adéquat, je voudrais dire ceci : si le spirituel-matériel avec un trait d'union ne peut être trouvé objectivement, trouvons-le dans la subjectivité de notre esprit et œuvrons à harmoniser avec lui le monde entier.

Permettez-moi de vous dire comment ceci fut formulé par un ancien maître. Il se nommait Yoshu, et le monastère où il vivait était réputé pour son pont de pierre naturel. Les monastères sont généralement construits dans la montagne, et l'endroit où résidait Yoshu était connu pour son pont rocheux au-dessus des rapides. Un jour un moine vint voir le maître et demanda : « Cet endroit est très connu pour son pont naturel, mais en venant ici, je n'ai rien vu de tel. J'ai vu une vieille planche pourrie. Je vous en prie, Maître, où est ce pont ? » Le maître répondit : « Vous ne voyez que cette passerelle misérable et vous ne voyez pas le pont ? » Le disci-

ple dit : « Alors où est le pont de pierre ? » Le maître répondit : « Les chevaux le traversent, les ânes le traversent, les chats et les chiens... (Excusez-moi si j'en rajoute un peu), les tigres et les éléphants le traversent, les hommes et les femmes, les riches et les pauvres, les jeunes et les vieux, les humbles et les nobles (on pourrait continuer à énumérer des couples d'opposés) ; des Anglais et des Japonais, des Musulmans et des Chrétiens ; le spirituel et le matériel, l'idéal et le pratique, le suprême et le banal ; ils le traversent tous, même toi, moine, qui refuse de le voir, et marche, en réalité, sur ce pont avec nonchalance — et sans la moindre reconnaissance. Tu ne dis pas merci pour pouvoir traverser ce pont. » A quoi bon ce pont de pierre ? Le voyons-nous ? Le traversons-nous ? Le pont ne nous hèle pas en criant : « Je suis le suprême idéal spirituel. » Le pont de pierre se tient silencieusement en travers de la rivière depuis des temps immémoriaux et plonge dans un futur infini.

Je dois m'arrêter ici. Merci pour votre aimable attention. J'espère que vous avez fait de votre mieux pour me comprendre. La gentillesse doit être mutuelle, et dans cette gentillesse mutuelle, ne saisissons-nous pas un éclat de ce que nous nommons la fraternité spirituelle mondiale ?

TABLE DES MATIÈRES

« *Espaces libres* »

au format de poche

30. *Prophètes d'aujourd'hui*, de Rachel et Jean-Pierre CARTIER.
31. *Merlin l'Enchanteur*, de Jean MARKALE.
32. *L'Art de la concentration*, de Pierre FEUGA.
33. *Contes de la mort*, de Jean MARKALE.
34. *Le Destin du Monde d'après la tradition shivaïte*, d'Alain DANIÉLOU.
35. *Le Christ hébreu*, de Claude TRESMONTANT.
36. *La Femme dans les contes de fées*, de Marie-Louise von FRANZ.
37. *Mélusine ou l'androgyne*, de Jean MARKALE.
38. *La Tentation des Indes*, d'Olivier GERMAIN-THOMAS.
39. *Méditer et agir*, colloques de la Sainte-Baume.
40. *Jésus raconté par le Juif Errant*, d'Edmond FLEG.
41. *Le Zen en chair et en os*, de Paul REPS.
42. *La Clarté intérieure*, de Marc de SMEDT.
43. *L'Absurde et la Grâce*, de Jean-Yves LELOUP.
44. *Voyages et aventures de l'esprit*, d'Alexandra DAVID-NEEL.
45. *La Nuit privée d'étoiles*, de Thomas MERTON.
46. *Confidences impersonnelles*, d'Arnaud DESJARDINS.
47. *Méditation zen et prière chrétienne*, de H. M. ENOMIYA LASSALLE.
48. *Tristan et Iseut*, de Michel CAZENAVE.
49. *L'Homme aux prises avec l'inconscient*, d'Elie G. HUMBERT.
50. *La Psychologie de la divination*, de M.-L. von FRANZ.
51. *La Synchronicité, l'âme et la science*, ouvrage collectif.
52. *Islam, l'autre visage*, d'Eva de VITRAY-MEYEROVITCH.
53. *La Chronobiologie chinoise*, de Pierre CRÉPON et Gabriel FAUBERT.
54. *Sentences et proverbes de la sagesse chinoise*, choisis et adaptés par Bernard DUCOURANT.
55. *Vivre, paroles pour une éthique du temps présent*, d'Albert SCHWEITZER.
56. *Jésus fils de l'homme*, de Khalil GIBRAN.
57. *Les chemins du Zen*, de D. T. SUZUKI.
58. *Le 3e Souffle ou l'agir universel*, de Jeanne GUESNÉ.
59. *Le Testament de l'Ange, les derniers jours de Gitta Mallasz*, de Bernard MONTAUD.

*La reproduction photomécanique de ce livre
a été réalisée par l'Imprimerie BUSSIÈRE,
l'impression et le brochage ont été effectués
sur presse* CAMERON *dans les ateliers de B.C.I.,
à Saint-Amand-Montrond (Cher),
pour le compte des Éditions Albin Michel.*

Achevé d'imprimer en septembre 1995.
N° d'édition : 14724. N° d'impression : 1/1649.
Dépôt légal : octobre 1995.